Wolfgang Pramper

AF196548

Lese-Lern-Maschine 1

5. – 6. Schuljahr

Selbstständiges Lernen im offenen Unterricht oder zu Hause

Inhaltsverzeichnis

Augengymnastik und Konzentrationsübungen 41

Das Gelesene verstehen 59

Gut vorlesen können – der Stimme einen besonderen Klang geben 75

Analyse der Lesequalität 94

Register und Verzeichnisse 95

Deine Fleiß-Seite . . . . zum Ausklappen

Für Eltern und Lehrer

Ob als Lehrer und Lehrerin in der Klasse oder als Elternteil zu Hause:

Verleihen Sie dem guten Lesen Bedeutung, etwa in der Weise:

- **Lesen Sie vor** – möglichst stimmungsvoll und oft,
- **erzählen Sie Geschichten** – von tollen Büchern,
- **schenken Sie Bücher** – vorerst nur dünne –
- und **greifen Sie selbst zu Büchern** – vor Ihren Kindern!

Dann wird der Erfolg nicht ausbleiben, Ihre Kinder
werden ganz automatisch Interesse am Lesen gewinnen.

Über den Umgang mit der „Lese-Lern-Maschine"

- Erforschen Sie zuerst die **Lesequalität** des Übenden anhand des **Lesetests** von Seite 8 bis 10 und des **Beobachtungsbogens** auf Seite 94. Dann können Sie ein **gezieltes Programm zur Leseförderung** erstellen. Dabei hilft Ihnen die Übersicht auf Seite 95.
- Oder lassen Sie die Übungen der „Lese-Lern-Maschine" **der Reihe nach** bis zur letzten Seite durchführen. Damit verhelfen Sie dem Übenden zu einer breit gefächerten Leseförderung. Sollen jedoch nur bestimmte Themen geübt werden, beachten Sie die Stichwörter für gezieltes Üben auf Seite 96.
- Lassen Sie jede Übung, nachdem sie durchgeführt wurde, auf der **Fleiß-Seite** eintragen! Damit werden der Eifer und der Fortschritt für den Übenden sichtbar.

Tipps für Lehrer oder Eltern

- Lassen Sie den Übenden **nie sofort laut lesen,** lassen Sie ihn erst durch stilles Lesen den Text vorbereiten. Schlechte Leser sollen nur kurz lesen.

- Aufgaben, die der Übende besser mit Unterstützung eines Lehrers, Elternteils oder Mitschülers löst, sind mit diesem Symbol ▷ gekennzeichnet.

- Bei Aufgaben mit diesem Zeichen 🕑 kommt es auf Schnelligkeit an.

- Bessern Sie nicht jeden kleinen Fehler des Übenden aus! Lassen Sie **kein Ausbessern** durch Mitschüler zu.

- **Loben** Sie die **Fortschritte** und den **Fleiß** des Übenden gebührend!

Für deine Ausdauer bekommst du einen

GUTSCHEIN

für einen Fernsehfilm

GUTSCHEIN

für den fleißigen Schüler:
ein großes

➡➡ **PLUS** ⬅⬅

für den Fleiß

Für deinen Fleiß ein

GUTSCHEIN

für deine

✿ Lieblingsspeise ✿

Die Kapitelleisten bemalen

Lassen Sie die Schüler die Auftaktleisten der Kapitel mit ihren Lieblingsfarben ausmalen.

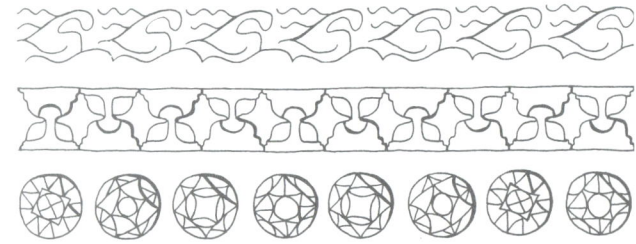

Speziell für dich!

Setze dir das Ziel, ein guter Leser zu werden. Aber keine Panik, wenn es nicht sofort klappt.
Gut lesen können ist kein Ziel, das man von heute auf morgen erreicht.
Der große Dichter Johann Wolfgang Goethe hat mit 80 Jahren sinngemäß Folgendes gesagt:
„Beim Lesen merke ich, dass ich noch immer dazulerne, Lesen lernt man nie aus!"
Damit hat Goethe nicht gemeint, dass er mit 80 Jahren nicht lesen konnte, sondern dass man sich
auf diesem Gebiet immer noch verbessern kann.
Nun, ich hoffe, du brauchst nicht 80 Jahre, bis du das Übungsheft fertig durchgearbeitet hast.
Du solltest schon etwas schneller sein. Aber versuche auch nicht, alles auf einmal zu machen.
Besser ist es, regelmäßig mittelgroße „Trainingsportionen" zu sich zu nehmen.

Tipps für dich

- ⊚ Dem guten Vorleser hört man gerne zu. Nimm dir vor, ein guter (Vor-)Leser zu werden.
  Mit einiger Übung schaffst du es.

- ⊚ Trau dich, **langsam** zu lesen und deiner Stimme einen **interessanten Klang** zu geben.

- ⊚ **Lass dir** beim Vorlesen **Zeit.** An geeigneten Stellen mache absichtlich **Pausen.**
  Versuche nicht, das Vorlesen möglichst schnell hinter dich zu bringen.

- ⊚ Wenn dir **Fehler** passieren, **nur keine Panik.** Schalte im Tempo einen Gang zurück.

- ⊚ **Lösungen** zu den Übungen findest du im beigelegten Lösungsheft.

Aufs genaue Schauen   kommt es an!

Bewegt sich Korb A
nach **oben** oder **unten?**

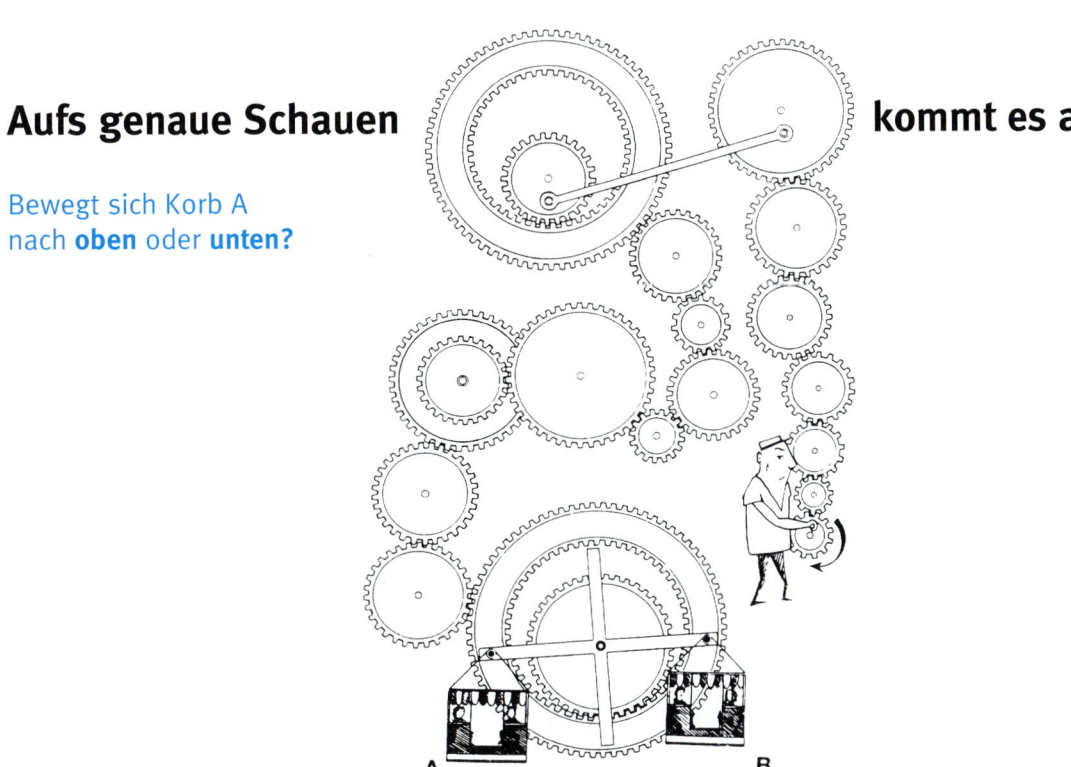

Lesetest

Dieser Lesetest am Beginn soll dir Auskunft darüber geben, wie gut es um dein **Lesetempo** steht. Versuche, den folgenden Text **möglichst schnell** zu lesen, aber doch so genau, dass du anschließend einige Fragen zum Text beantworten kannst.
▷ Jemand soll deine Lesezeit stoppen.
Bessere Lesefehler nicht aus, sondern lies schnell weiter.
Lies laut und beginne jetzt.

Der Basilisk (nach einer Volkssage)

An einem Morgen im Juni des Jahres 1212 ging Leni, die Magd des Bäckers Garhibl aus der Schönlaterngasse Nummer 7, über den Hof, um Wasser zu holen. Als sie den Brunnendeckel auf-
hob, schlug ihr ein so widerlicher Gestank entgegen, dass ihr
5 schwarz vor Augen wurde. Sie war der Ohnmacht nahe, doch ihre Neugier war stärker. Sie hielt die Schürze vor den Mund und schaute in den Brunnen. Weit unten funkelte und glitzer- te es unheimlich und grüngelbe Schwefeldämpfe stiegen he- rauf. In ihrer Angst begann sie, gleich gellend zu schreien: „Wo
10 ist der Meister? Um Himmels willen, kommt schnell zu Hilfe!" Der Bäcker Garhibl, seine Frau und die Gesellen eilten herbei, doch keiner traute sich näher an den stinkenden Brunnen he- ran. Keiner, bis auf den jüngsten Gesellen, den übermütigen Karl. „Man muss doch schauen, was los ist, wenn's stinkt!",
15 sagte er und beugte sich über den Brunnenrand. „Zündet mir eine Pechfackel an und lasst mich an einem Strick hinunter!", sagte der tollkühne Bursche zu den ängstlich Umherstehen- den. Aber schon nach kurzer Zeit hörten sie den Burschen laut aufschreien und zogen ihn schnell herauf. Er war halbtot,
20 schnappte nach Luft und konnte nicht sprechen. Die Gesellen legten ihn in seine Kammer. Der Bäckermeister schloss sorg- fältig den Brunnendeckel und beschwerte ihn mit Steinen.

Inzwischen drang der Pestgestank durch die Gassen Wiens und die Nachbarn kamen aufgeregt gelaufen und redeten wirr
25 durcheinander. Nach einiger Zeit erholte sich der Bäckergeselle wieder und sprach: „Ich sage euch, da unten sitzt ein Ungeheuer. Es gleicht einem großen Hahn mit Krötenbeinen. Hinten hat es einen vielzackigen Schuppenschwanz wie ein Drache. Und denkt euch, auf dem Kopf trägt es eine goldene Krone!" –
30 „Das ist ein Basilisk", rief einer der Nachbarn, „ein Tier, das aus einem Ei schlüpft, das ein Hahn gelegt und eine Kröte ausgebrütet hat. Sein Blick ist giftig. Er kann nur durch einen Spiegel getötet werden. Wenn er sich nämlich selbst erblickt, zerplatzt er vor Schreck und Wut über seine Hässlichkeit."
35 Aber wer sollte dem Untier einen Spiegel vorhalten? Einer der älteren Gesellen mit dem Namen Franz sagte, dass er es wagen wolle. Garhibl und die anderen wollten ihn davon abbringen und meinten, es wäre besser, Steine in den Brunnen zu werfen. „Dann besteht die Gefahr, dass er sich in einen anderen
40 Brunnen zurückzieht", sagte der Bäckergeselle zum Bäckermeister, „ich werde es wagen, denn einer muss es schließlich tun."
Vorsichtig ließen sie den Gesellen, mit einem großen Spiegel bewaffnet, in den dunklen Schacht hinab. Nach bangen Minu-
45 ten hörten sie einen fürchterlichen Knall und hielten den Burschen schon für verloren. Aber er kam gesund aus dem Brunnen. Unten lag das Untier grässlich zerrissen im fauligen Wasser. Der Brunnen wurde zugeschüttet. Aber selbst im Tod brachte der Basilisk noch Verderben: Einer der Arbeiter wurde
50 von den giftigen Dämpfen betäubt und starb kurze Zeit später. Das Haus in der Schönlaterngasse heißt seither Basiliskenhaus. Zur Erinnerung an die Errettung vor dem Untier wurde an der Straßenseite ein Gedenkstein mit dem Bild des Basilisken angebracht. Dort ist er noch heute zu sehen.

Auswertung des Lesetests

Deine Lesezeit: _____ (Text = ca. 500 Wörter)

Beantworte diese Fragen, ohne im Text nachzulesen!

1. Wer war Leni? _____

2. Welcher Betrieb war in dem Basiliskenhaus untergebracht? _____

3. In welcher Stadt spielt die Sage? _____

4. Wer hat das Ei eines Hahnes ausgebrütet? _____

5. Was nahm der jüngste Geselle, der als Erster in den Brunnen hinabgelassen wurde, mit?

   _____

6. Was geschah mit dem Untier? _____

7. Wie heißt das Haus in der Schönlaterngasse 7? _____

8. Wer starb durch den Basilisken? _____

9. Was trug der Basilisk auf dem Kopf? _____

10. Wer wusste, dass es sich um einen Basilisken handelt? _____

(Lösung: siehe Lösungsheft, Seite 1)

Für jede nicht richtig beantwortete Frage zähle 10 Sekunden dazu!

Deine Lesezeit mit der zusätzlichen Zeit für nicht beantwortete Fragen: _____

Die Bewertung der Lesezeit (beim lauten Lesen):

Lesezeit	Wörter pro Minute	Das Lesetempo ist
von 2.30 min bis 2.45 min	250 bis 222	ausgezeichnet
von 3.00 min bis 3.15 min	200 bis 181	sehr schnell
von 3.30 min bis 3.45 min	166 bis 153	schnell
von 4.00 min bis 4.15 min	133 bis 142	noch ausreichend
von 4.30 min bis 4.45 min	125 bis 117	schon langsam
von 5.00 min bis 5.15 min	111 bis 105	zu langsam
von 5.30 min bis 5.45 min	100 bis 95	sehr langsam
von 6.00 min bis 6.15 min	90 bis 86	viel zu langsam
von 6.30 min bis 6.45 min	83 bis 80	viel, viel zu langsam

Schneller und besser lesen

Rhythmisches Lesen

Manche Schüler lesen „Wort für Wort", das heißt, nach jedem Wort machen sie eine kurze Pause.
Sie lesen so:

Seit ┊ einem ┊ Jahr ┊ lebt ┊ ein ┊ Meer ┊ schweinchen ┊ in ┊ meinem ┊ Zimmer.

Die Punkte zeigen dir die Haltepunkte (Fixationspunkte) des Auges bei diesem Lesen an.

Besser ist es, wenn du Wörter, die zusammengehören, zusammen liest.
Es sollen also ganze **Wortgruppen** zusammen gelesen werden, so genannte Sinneinheiten.

Seit einem Jahr   lebt ein Meerschweinchen   in meinem Zimmer.

Tipps für schnelleres Lesen

- Lies **nie hastig Wort für Wort,** sondern sprich Wörter, die zusammengehören, auch zusammen aus. Eine Wortgruppe, die vom Sinn her zusammengehört, nennt man „Sinnschritt".

- Beim **Vorlesen** muss dein **Blick schneller** als deine **Zunge** sein. Dein Blick muss den ganzen „Sinnschritt" schon gelesen haben, bevor du beginnst, ihn auszusprechen.

- Bemühe dich, immer wieder für kurze Zeit **beim leisen Lesen** „kräftig Gas zu geben" und dabei dein **Höchsttempo** zu erreichen oder sogar noch zu steigern.

1 Versuche, die Wortgruppen mit einem Blick zu erfassen.

Ein Junge   und ein großer Hund   sitzen im Park   an einem Tisch   und spielen Schach.

Da bleibt   ein alter Mann stehen,   schüttelt lange den Kopf   und sagt dann:

„Das ist aber ein kluger Hund,   den du hast!"   Nach einiger Zeit   schaut der Junge auf

und antwortet: „Wieso soll der klug sein?   Der verliert doch dauernd!"

Rhythmisches Lesen üben

2 Übe das **rhythmische Lesen in Sinneinheiten** an diesem Text.
Bereite dich zuerst leise vor, dann lies laut.

Der Axtdieb (nach einer chinesischen Lehre)

Ein Mann

hatte seine Axt verloren

und vermutete,

dass der Sohn des Nachbarn

5 sie ihm gestohlen habe.

Er beobachtete ihn daher genau:

Sein Gang

und sein Blick

ist ganz der eines Axtdiebes,

10 dachte er sich.

Alles,

was der Junge tat,

sah für ihn

nach einem Axtdieb aus.

15 Da war sich der Mann

ganz sicher.

Einige Zeit später

fand er zufällig

die Axt unter einem Bretterhaufen.

20 Am nächsten Tag

sah er den Jungen wieder.

Der war noch immer derselbe,

aber sein Gang

war nicht mehr der eines Axtdiebes,

25 auch sein Blick

war nicht der eines Axtdiebes.

Daran sieht man,

wie man sich selbst

etwas vormachen kann.

Blitzlesen – mit Wortbildrahmen lesen

3 Auf dieser Seite findest du Wortgruppen, die du dir gut einprägen sollst, nicht nur für das Lesen, sondern auch für das Rechtschreiben. Diese Wörter werden oft falsch geschrieben. Damit du sie dir leichter merkst, befindet sich auch ein so genannter „Wortbildrahmen" um die Wortgruppe. Lies die Wörter möglichst schnell.

der Wind pfiff	er schickt mich	nach Hause gehen
wieder vorkommen	die Schuhe passen	er ging fort
Zeit nehmen	meistens nicht	Geduld haben
ziemlich lustig	denn es regnet	die Straße überqueren
das Glas ist voll	spazieren gehen	die Tafel löschen
schaffte an	pass auf	den Termin einhalten
nämlich sofort	er verlor Geld	die Tasche tragen
Wurst schneiden	ihm sagen	die Glocke hören
losschicken	schlecht hören	Tag für Tag
Schluss machen	eine Idee haben	Koffer packen
vielleicht stürzen	passiert meistens	ziemlich bald
die Tasche nehmen	der Morgen	fernsehen wollen
das Geld geben	wir müssen gehen	das ist gut so
das Paar Socken	heute Morgen	besser machen
Geburtstag haben	ein großes Pferd	pünktlich kommen

Pyramidenlesen

4 Längere Wörter setzen sich meistens aus mehreren kurzen Wörtern zusammen. Diese sind dir meist schon bekannt. Wandere beim Lesen mit dem Blick die Linie hinunter.
Versuche, die Zeilen mit einem Blick zu erfassen und nicht von links nach rechts zu lesen.
Lies die Seite einmal leise, einmal laut. Und noch ein drittes Mal.

Haus
Haustier
Haustierarzt

Hotel
Hotel Adler
Hotel zum schwarzen Adler

Fall
Unfall
Verkehrsunfall

Spiel
Lernspiel
Rechtschreiblernspiel

Brett
Brettspiel
Brettspielkatalog

Wiese
Blumenwiese
Blumenwiesenduft

Teil
Vorteil
Vorteilspaket

Post
Postamt
Postamtsdirektor
Postamtsdirektorzimmer

Feder
Vogelfeder
Raubvogelfeder

Aufgabe
Hausaufgabe
Hausaufgabenheft
Hausaufgabenhefteinband

Staat
Staatsoper
Staatsopernorchester

Donau
Donauschiff
Donaudampfschiff
Donaudampfschiffkapitän

Schwimmer
Nichtschwimmer
Nichtschwimmerbecken

Lehrer
Lehrerbrille
Oberlehrerbrille
Oberlehrerbrillenetui

Fahrer
Rennfahrer
Autorennfahrer

Name
Namenstag
dein Namenstag

Fuß
Fußgänger
Fußgängerzone

Rhythmisches Lesen üben

5 Die Trennlinien ⁝ sollen dein Auge verleiten, mehrere Wörter auf einmal zu erfassen.
Lies einmal leise, einmal laut.

Der Löwe und das kluge Pferd (nach einer römischen Fabel)

Eines Tages ⁝ näherte sich ⁝ ein mächtiger Löwe ⁝ einem Pferd ⁝ auf der Weide. ⁝

Damit es nicht ⁝ misstrauisch werde, ⁝ behauptete der Löwe, ⁝ er sei Arzt. ⁝

Er wolle sich nur ⁝ nach dem Befinden ⁝ des Pferdes erkundigen. ⁝

Das Pferd ⁝ erkannte wohl ⁝ den Löwen, ⁝ konnte aber ⁝ nicht mehr fliehen. ⁝

5 Da kam ihm ⁝ ein guter Einfall. ⁝

Es sagte: ⁝ „Ihr kommt gerade recht, ⁝ ich habe mir einen Dorn ⁝ in den Huf eingetreten. ⁝

Es schmerzt höllisch." ⁝

Der Löwe tat so, ⁝ als wolle er ⁝ dem Pferd helfen, ⁝ und betrachtete den Huf. ⁝

In diesem Moment ⁝ schlug das Pferd ⁝ gewaltig aus ⁝ und traf den Löwen ⁝ am Maul. ⁝

10 Der fiel besinnungslos zu Boden. ⁝

Als er wieder erwachte, ⁝ schmerzten ihm ⁝ die eingeschlagenen Zähne. ⁝

Das Pferd aber ⁝ war über alle Berge. ⁝

Da sprach der Löwe ⁝ zu sich: ⁝ „Recht geschieht mir, ⁝ wäre ich wie immer ⁝

als der gekommen, ⁝ der ich bin, ⁝ hätte ich jetzt ⁝ einen vollen Magen. ⁝

15 So aber ⁝ wurde ich bestraft dafür, ⁝ dass ich mich ⁝ als Freund ausgegeben habe." ⁝

Aus dieser Fabel lernt man: ⁝ Lüge auch deine Feinde nie an! ⁝

Blitzlesen – mit Wortbildrahmen lesen

6 Auf dieser Seite findest du Wortgruppen, die du dir gut einprägen sollst, nicht nur für das Lesen, sondern auch für das Rechtschreiben. Diese Wortgruppen werden oft falsch geschrieben. Damit du sie dir leichter merkst, befindet sich auch ein so genannter „Wortbildrahmen" um die Wortgruppen.
Lies die Wörter möglichst schnell.

Schüsse hören	zum Schluss	erwiderte er
schließlich doch	er aß Fleisch	in einer Stunde
eine Lehrerin	nichts erzählen	pünktlich da sein
er fuhr weg	vom Essen	wild schießen
fertig sein	rannte fort	glaubte nämlich
fallen lassen	eine Weile	viel Spaß haben
das neue Fahrrad	wenn er kommt	später drankommen
ein großer Mann	herauskommen	nichts nehmen
lies mir vor	hinterherlaufen	alles Gute wünschen
plötzlich hell	ein bisschen	Spaß haben
einmal probieren	viel wissen	davon sprechen
ein kräftiges Pferd	viel Glück haben	schließlich kam er
laufen lassen	das erste Mal	kräftig schlagen

häufig verwendete Wortgruppen schnell erfassen

Rhythmisches Lesen üben

7 Beachte den vorgegebenen Rhythmus und lies die Wortgruppen entsprechend.

Geh	nicht	fort!
Peter	spielt	mit.
Lauf	nicht	weg!
Wann	kommt	Peter?
Er kommt,	sagte er	zum Vater.
Er wohnt	in der Hofgasse	in Wien.
Es schneit,	riefen alle	wie im Chor.
Das war	schöner,	als ich glaubte!
Am Mittwoch	wird es	schön sein.
Wird Susi	heute Abend	zu mir kommen?
Wo gehst du hin?,	fragte mich	meine Mutter.
Der neue Computer	war nicht teuer,	sagte mein Freund.
Das Rad	gehört	meinem Bruder.
Bis bald,	sagte der Vater,	als er ging.
Auf mich	kannst du dich	verlassen.
Das Kino	öffnet um 18 Uhr	die Kassen.
Das neue Heft	ist sicher	schon vollgeschrieben.
Das kleine Heft,	glaube ich,	gehört mir.
Glaubst du,	die Sache	geht gut aus?
Wirst du mich	bestimmt	besuchen kommen?
Das neue Kleid	steht dir	ganz ausgezeichnet.
Die Sache	ist noch nicht klar,	sagte der Direktor.
Alles aufstehen,	sagte der Lehrer,	als er uns sah.
Jetzt wirst du,	meinte die Mutter,	bald 14 Jahre alt.
Kommst du noch	auf einen Sprung	zu mir nach Hause?

Pyramidenlesen

8 Bei dieser Übung soll dein Blick daran gewöhnt werden, auch lange und schwierige Wortgruppen rhythmisch zu lesen.

Kontrólle

Áufgabenkontrólle

Háusaufgabenkontrólle

Háusaufgabenkontrólle des Léhrers

die Háusaufgabenkontrólle des Déutschlehrers

die Háusaufgabenkontrólle des néuen Déutschlehrers

Computer
Computerdisketten
Computerdiskettenlaufwerk
kaputtes Computerdiskettenlaufwerk
das kaputte Computerdiskettenlaufwerk
das kaputte Computerdiskettenlaufwerk wird repariert

Wörter
Wörterbuch
im Wörterbuch nachschlagen
im neuen Wörterbuch ein Wort nachschlagen
im neuen Wörterbuch ein schwieriges Wort nachschlagen

Bahnhof
Hauptbahnhof
Münchner Hauptbahnhof
der große Münchner Hauptbahnhof
am großen Münchner Hauptbahnhof ankommen
ich bin heute Mittag am großen Münchner Hauptbahnhof pünktlich angekommen

Garage
Garageneinfahrt
die schmale Garageneinfahrt
ich habe bei der schmalen Garageneinfahrt
ich habe bei der schmalen Garageneinfahrt einen Unfall
ich habe gestern bei der schmalen Garageneinfahrt einen Unfall verursacht

Leichter lesen mit dem „Flattersatz"

9 Lies erst nach einer Vorbereitung laut.
Sprich jeweils eine Zeile im Ganzen aus.
Halte eine **kurze Pause am Zeilenende,** eine **lange Pause bei diesem Zeichen ➖**.
Lies die wörtlichen Reden anders als den übrigen Text. Gib deiner Stimme einen besonderen Klang.

Die starrköpfigen Ziegenböcke (nach einer russischen Fabel)

Vor langer, langer Zeit
lebten einmal zwei Ziegenböcke,
die sich nicht leiden konnten. ➖
Immer überlegten sie,
5 was sie dem anderen
Gemeines antun könnten. ➖
Einmal wollte einer
auf einem schmalen Steg
den Fluss überqueren. ➖
10 Als er gerade
in der Mitte angelangt war,
bemerkte er,
dass der andere Ziegenbock
in der Gegenrichtung
15 unterwegs war. ➖
Trotzig sprach der eine: ➖
„Geh zurück,
ich war zuerst da,
du alter, stinkender Meckerbock!" ➖
20 (Das sagte er,
obwohl er selbst furchtbar stank.
Aber den eigenen Geruch
merkte er ja nicht.) ➖

Da antwortete der andere: ➖
25 **„Ich denke gar nicht daran,**
ich bin der Ältere,
du wirst sofort zurückweichen,
du hässlicher, kurzbärtiger Bock!" ➖
(Das sagte er,
30 weil er sich auf seinen langen,
ungepflegten Bart
etwas einbildete.) ➖

Dann begannen sie, so laut
und so ordinär zu streiten,

dass man es hier gar nicht 35
aufschreiben kann. ➖
Bis sie sogar anfingen,
sich mit ihren Hörnern
zu stoßen. ➖
Anfangs noch leicht 40
und dann immer heftiger. ➖
Zuletzt nahmen sie sogar
extra einen großen Anlauf dafür,
diese beiden Dummköpfe. ➖
Die Wucht ihres Zusammenpralls 45
war so heftig,
dass das Geländer
aus schwachem Holz
krachend entzweibrach. ➖
Dadurch stürzten die beiden 50
ins Wasser. ➖
Und da sie beide
keine guten Schwimmer waren,
konnten sie nur mit viel Mühe
das rettende Ufer erreichen. ➖ 55
Doch kaum waren sie
auf dem Trockenen,
begannen die beiden Dickschädel
schon wieder zu streiten. ➖

Das alles sah ein Esel 60
und sagte kopfschüttelnd zu sich: ➖
„Schau dir diese
dummen Ziegenböcke an,
und zu mir
sagen die Menschen verächtlich: 65
,Du dummer Esel!'"

Pyramidenlesen

10 Sätze werden durch das Aneinanderreihen von Sinneinheiten oder Gedankeneinheiten gebildet. So eine Sinneinheit kann aus einem oder mehreren Wörtern bestehen. Sie sollen zusammenhängend gelesen werden.
Lies die Seite einmal leise, einmal laut.
▷ Übe gemeinsam mit einem Partner; jeder liest abwechselnd eine Zeile.

Spaziergänger

Einem Spaziergänger fällt

Einem Spaziergänger fällt ein Blumentopf

Einem Spaziergänger fällt ein Blumentopf auf den Kopf.

Einem müden Spaziergänger fällt gerade ein alter Blumentopf auf den Kopf.

„Das ist

„Das ist eine Unverschämtheit!"

„Das ist eine Unverschämtheit!", schreit er.

„Das ist eine Unverschämtheit!", schreit er nach oben.

„Das ist eine Unverschämtheit!", schreit er nach oben und schüttelt die Faust.

Von oben

Von oben ruft

Von oben ruft eine Hausfrau

Von oben ruft eine Hausfrau zurück:

Von oben ruft eine Hausfrau zurück: „Nein,

Von oben ruft eine Hausfrau zurück: „Nein, nicht doch,

Von oben ruft eine Hausfrau zurück: „Nein, nicht doch, es sind Zwergrosen!"

„Gut

„Gut, dass Sie mir

„Gut, dass Sie mir das sagen!

Ich hätte sonst

Ich hätte sonst geglaubt

Ich hätte sonst geglaubt, die Blumen

Ich hätte sonst geglaubt, die Blumen fliegen so tief!"

„Ich hätte sonst geglaubt, die Blumen fliegen so tief!", antwortet der Spaziergänger.

Rhythmisch mit einem Melodiebogen lesen

11 Bereite die Fabel zum langsamen und ausdrucksvollen Vorlesen vor.
Halte kurze ⦙ und lange Pausen ⊖ an den gekennzeichneten Stellen.
Bilde mit deiner Stimme einen Melodiebogen (⌒), ähnlich der gezeichneten Linie.

Der Fuchs und die Weintrauben Äsop

Ein Fuchs ⦙ sah an einem hohen Weinstock ⦙

die schönsten ⦙ reifen ⦙ Trauben hängen ⦙ und sprang danach, ⦙ sie zu erhaschen. ⊖

Doch alles Mühen war vergeblich. ⊖

„Ach, ⦙ diese Trauben", ⦙

sprach er verächtlich, ⦙ indem er mit hängender Zunge davonschlich, ⦙

„sie sind unreif ⦙ und mir viel zu sauer."

Schau genau!

12 Tippe die Zahlen in **richtiger Reihenfolge** an, von 1 bis 32.
Versuche, möglichst schnell zu sein.

28	1	10	3	15	20	6	14	23	7	16	30	12	29	25	27
4	22	18	2	19	9	21	17	32	8	13	26	24	31	5	11

13 Welche **4 Zahlen** von 1 bis 30 **fehlen** hier? Trage sie in die freien Kästchen ein.

Blitzlesen – mit Wortbildrahmen lesen

14 Auf dieser Seite findest du Wortgruppen, die du dir gut einprägen sollst, nicht nur für das Lesen, sondern auch für das Rechtschreiben. Diese Wortgruppen werden oft falsch geschrieben. Damit du sie dir leichter merkst, befindet sich auch ein so genannter „Wortbildrahmen" um die Wortgruppe. Lies die Wörter möglichst schnell.

Kuchen backen	vielleicht kommen	ein kaputtes Auto
herumspazieren	alles vergessen	er kam zu spät
bald kommen	drinnen sein	im Garten spielen
kaputt sein	im Spiegel sehen	zu Boden stürzen
interessant finden	er kann kommen	tatsächlich kommen
beinahe erschrecken	herumfahren	den Mann grüßen
mehr wissen	auf einmal	keiner hilft
ins Boot steigen	hier sein	ungefähr um neun
nichts hören	irgendwo leben	jetzt endlich
das Interesse verlieren	den Hals waschen	trotzdem fahren
das Spiel verlieren	die Augen reiben	überhaupt nicht
auf dem Stuhl sitzen	die Zunge strecken	den Korb holen
nichts können	zu Ende gehen	es passierte viel

Rhythmisch mit einem Melodiebogen lesen

15 Passe die Höhe deiner Stimme dem Melodiebogen (⌒) an.
Lies einmal leise, einmal laut.

Der Axtdieb   (nach einer chinesischen Lehre)

Ein Mann hatte seine Axt verloren und vermutete,

dass der Sohn des Nachbarn sie ihm gestohlen habe.

Er beobachtete ihn daher genau:

Sein Gang und sein Blick ist ganz der eines Axtdiebes, dachte er sich.

5 Alles, was der Junge tat, sah für ihn nach einem Axtdieb aus.

Da war sich der Mann ganz sicher.

Einige Zeit später fand er zufällig die Axt unter einem Bretterhaufen.

Am nächsten Tag sah er den Jungen wieder.

Der war noch immer derselbe, aber sein Gang war nicht mehr der eines Axtdiebes,

10 auch sein Blick war nicht der eines Axtdiebes.

Daran sieht man, wie man sich selbst etwas vormachen kann.

Rhythmisches Lesen üben

16 Die Trennlinien ⋮ sollen dein Auge verleiten, mehr als nur ein Wort auf einmal zu erfassen.
Lies einmal leise, einmal laut.

Das Geschenk   Wolfgang Pramper

Ein vornehmer Mann, ⋮

der in seinem Leben ⋮ zu viel Geld gekommen war, ⋮

wollte seiner alten und armen Mutter ⋮ eine Freude machen ⋮

und ihr von seinem Geld ⋮ etwas zukommen lassen.

5 Dazu hatte er folgende ⋮ originelle Idee: ⋮

Er kaufte ein Monopoly-Spiel ⋮

und tauschte die Geldscheine des Spieles ⋮ gegen echte Banknoten aus. ⋮

So 25 000 Euro ⋮ verpackte er auf diese Weise, ⋮

dann verpackte er das Spiel ⋮ in die Plastikfolie, ⋮

10 damit es möglichst ⋮ originalverpackt aussah. ⋮

Zum Geburtstag ⋮ schenkte er das Spiel ⋮ seiner Mutter, ⋮ mit der Bemerkung, ⋮

dass das Spiel ⋮ ihr sicher noch viel Freude machen werde. ⋮

Die Mutter ⋮ machte sich aber nicht viel ⋮ aus dem Spiel ⋮ und tauschte es ⋮

am nächsten Tag ⋮ gegen mehrere Packungen Spielkarten um. ⋮

Zeichne den Melodiebogen (⌢) der Stimme ein.

Schnell lesen

17 Lies die Sage möglichst schnell. Kannst du unter 1.30 Minuten bleiben? Stoppe deine Lesezeit.

Die Teufelsmühle am Funtensee (nach einer Sage aus Bayern)

Am Fuße des Steinernen Meeres liegt der Funtensee. Die Leute erzählen noch heute, dass in seiner Tiefe einmal eine Mühle stand. Dort habe der Teufel Steine zu Goldstücken gemahlen, um mit ihnen die Seele habgieriger Menschen zu gewinnen.

5 Eines Tages hörte ein vorbeikommender Jäger aus dem Wasser ein seltsames Stampfen, Knarren. Es klang ganz so, als würde auf dem Grund des Sees eine Mühle arbeiten.

Da wusste der Jäger: „Heute mahlt der Teufel wieder Steine zu Gold. Ich könnte zwar auch ganz gut ein Goldstück brauchen,

10 aber aus den Händen des Satans möchte ich es auf keinen Fall!"

Als er sich zum Gehen umdrehte, sah der Jäger ganz nahe vor sich in einem Steinhaufen etwas glänzen. Er griff danach, hob es auf und hielt ein Goldstück in der Hand. „Wie kommt denn

15 das zwischen die Steine?", fragte er sich erstaunt. „Hat das gar der Teufel hierhergelegt, um meine Seele zu fangen?"

Er betrachtete es von allen Seiten und ließ es in der Sonne funkeln. Dabei kamen ihm viele Wünsche in den Sinn, die er sich mit dem Goldstück erfüllen konnte.

20 „Wenn es Gold des Teufels ist, muss ich es wegwerfen", dachte er. „Denn mit dem Teufel will ich nichts zu tun haben. Wenn das Goldstück aber jemand verloren hat, dann könnte ich das Gold behalten."

Weil sein Wunsch, das Goldstück zu besitzen, groß war, steck-

25 te er es schließlich ein und machte sich damit auf den Heimweg.

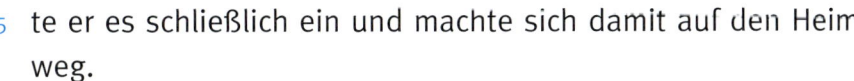

Auf dem Weg in die Stadt wuchsen aber seine Zweifel und er dachte angestrengt über eine Lösung nach.

„Wenn ich mir etwas davon kaufe, hätte mich der Teufel in sei-
30 ner Gewalt. Wie kann ich nur herausfinden, woher das Gold wirklich kommt?"

Da kam ihm ein guter Gedanke. Er ging in die Kirche und warf das Goldstück in den Weihwasserkessel. Als er es wieder herausnehmen wollte, war es kein Gold mehr, sondern ein ge-
35 wöhnliches Steinchen, wie sie in großer Menge am Ufer des Funtensees herumliegen.

Da war der Jäger erleichtert, dass er dem Teufel entronnen war. Voller Abscheu warf er den Stein in weitem Bogen über den Kirchplatz.

40 Als der Teufel, der hinter dem Jäger heimlich hinterhergeschlichen war, sah, dass er überlistet worden war, geriet er außer sich vor Wut. Er raste in die Tiefe des Sees zurück und tobte so lange, bis alle Fische vor Schreck zugrunde gegangen waren. Im Funtensee gibt es seit jenem Tag keine Goldstücke mehr,
45 auch die Fische sind bis heute ausgeblieben. Und Jägern geht der Teufel seitdem in weitem Bogen aus dem Weg. Mit denen will er nichts mehr zu tun haben.

Fehlerfrei lesen

Langsam und genau lesen

18 Lies Zeile für Zeile möglichst ohne den kleinsten Fehler. Wie viele Fehler machst du pro Zeile?
▷ Entweder zählst du mit, wie oft du dich verliest, oder ein „Trainer" kontrolliert dein Lesen.
Bei der Wiederholung an zwei weiteren Tagen mach es besser als beim ersten Mal.
Nach einer Vorbereitung lies laut.

Fehler beim 1., 2., 3. Mal

Bande bange binde Wange Zange Runde Wunde Lunge Zunge Kunde

Fuß muss plus Schuss küssen Pass außen Fußgänger nass Käse aus

Leben Leber selber selbst legen Lepra Leder Lager Lampe Lack lesen

Land lange Hand fand Rand Lager Kapern Krabben krank knapp Wange

putzen nutzen futsch krächzen kratzen Fuchs wechseln kraxeln witzeln

voll viel Vater Fahne Vase Fantasie Wand vielleicht vier flink fühlen fix

Anker Angel Ankunft Angst Amt armselig Artisten Argentinien Andenken

brennen Brand prahlen Bretter bringen Pracht Prunk Brief bringen Brei

Achse wanken Nixe Nacken rechts rings Wechsel Wecker Nacht nächste

Leberknödelsuppe Sauerkraut Kokosnüsse Rindsgulasch Tomatensaft

Lastkraftwagen Baustelle Autobahn Tankstelle Führerschein Fahrerflucht

Teppichklopfer Staubsauger Klopfstange Mistschaufel Kehricht Mülltonne

Mist musst Mast Rost Rast Hast meistens kleinsten Rose Maus magst

Wachs weckst magst ragst lag Wuchs Wucht wanken schenken danken

Tipps für das fehlerfreie Vorlesen

- **Lass dir Zeit!** Gut und fehlerfrei kann man nur dann lesen, wenn man langsam liest. Liest man zu schnell, „stolpert" man leicht.

- Bei **Fehlern** nicht nervös werden, nicht schneller, sondern **langsamer werden.**

- **Fehler nicht umständlich ausbessern!** Wenn der Sinn nicht sehr gestört wird, lass den Fehler Fehler bleiben und lies weiter, als wäre alles in Ordnung.

- **Übe** die Aussprache **schwieriger Wörter** besonders gut, damit die „Stolpersteine" beim Vorlesen aus dem Weg geräumt sind.

Kannst du das fehlerfrei lesen?

19 Schade, dass es diese Tiere nicht gibt!
▷ Wie weit kommst du ohne Fehler?
Wie weit kommst du mit einiger Übung?

Im Safaripark   (nach einer Idee von Christian Morgenstern)

Angoraschildkröte	Pfauenochs
Baumschwein	Pudelhaubenameise
Eulenwurm	Quallenwanze
Flederratte	Regenlöwe
Flossenzebra	Rüsselspecht
Giraffenpony	Sägeschwan
Gürtelstier	Salzwassergemse
Glatzenbär	Marieneule
Kamelente	Schneekrokodil
Kriechlibelle	Schuppenigel
Langhaarforelle	Singschlange
Löwenmaulwurf	Sumpfdackel
Taschenkamel	Turtelhirsch
Murmelbär	Werfuchs
Nacktente	Wanderschnecke
Ochsenspatz	Wildmaus
Paarhufschnecke	Zackenaal

Hierher schreibe deine Lieblingstiere: _____

Kannst du ohne große Vorbereitung die **Mehrzahlform** der Tiere bilden?
Also: Angoraschildkröt**en**, Baumschwein**e**, Eulen**würmer**, …

Schau genau!

20 Einige Tiere sind anders als die meisten der Gruppe. Streiche sie durch.

Achtung, Zungenbrecher!

21 Wenn du einen der folgenden Sätze dreimal fehlerfrei vorlesen kannst, verdienst du ein großes Lob.

Zinnoberrotes Flanelllläppchen

*Blaukraut bleibt Blaukraut
und Brautkleid bleibt Brautkleid!*

Wir Wiener Wäscheweiber wollen wissen, wo
warmes Wasser wäre, wenn wir weiße Wäsche waschen.

Esel essen Nesseln gern,
Nesseln essen Esel gern!

Der fließende Fluss voller Flöße mit flößenden Schiffern.

Es saßen zwei zischende Schlangen zwischen
zwei spitzigen Steinen und zischten vor zwitschernden
Vögeln auf dem Zwetschenbaum.

**Sechsundsechzig
sächsische Schuhstücke**

Fischers Fritz fischt frische Fische,
frische Fische fischt Fischers Fritz

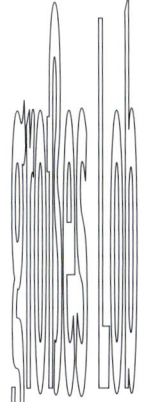

Hier ist das große Lob:
Du musst das Buch
leicht nach hinten kippen,
um es lesen zu können.
Am besten mit einem Auge
schauen.

Fehler im Spiegelbild

22 Das Spiegelbild enthält **10 Fehler.**
Wie viele kannst du innerhalb von **5 Minuten** finden?

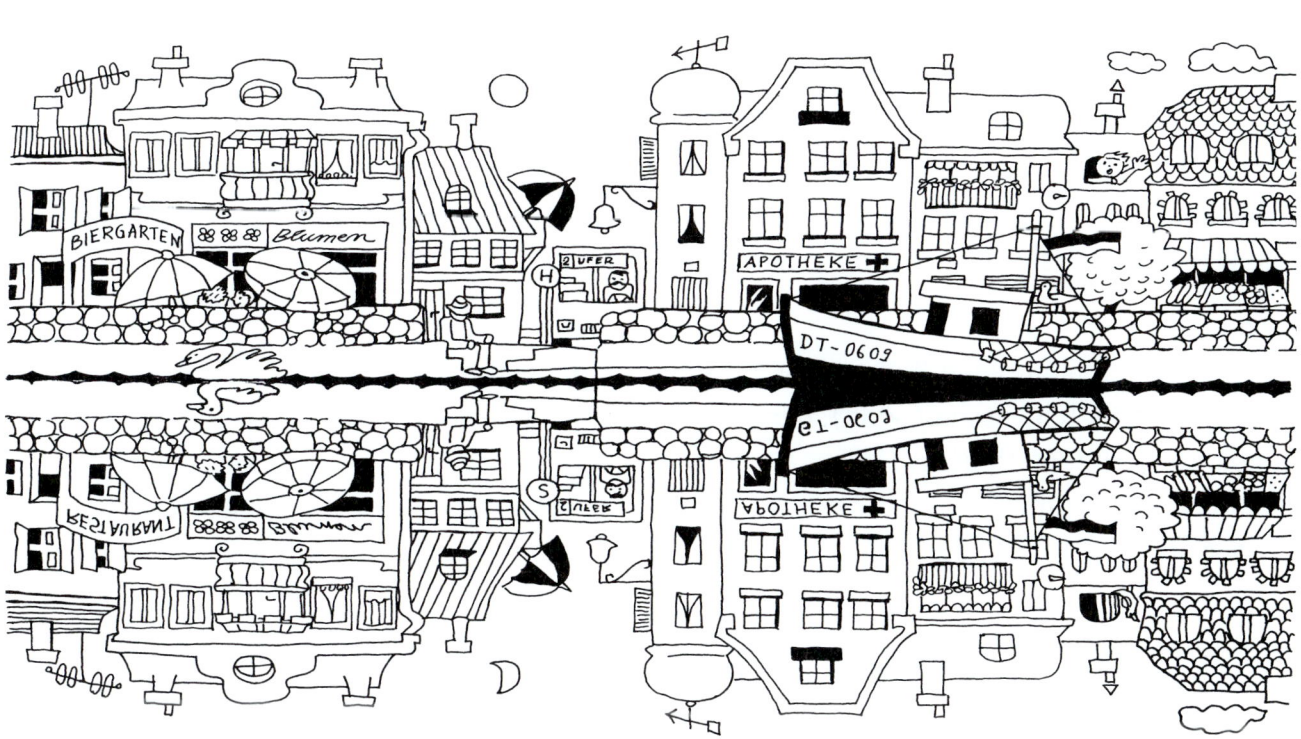

Genau beobachten

23 Stelle fest, wo die **5 Unterschiede** zwischen den beiden Bildern sind.

Fehlerfrei lesen

24 Übe das fehlerfreie Lesen, verwende dazu den Text „Auf Bärenjagd" auf Seite 31.
Lies bewusst langsam.
Mache absichtlich Pausen zwischen den Sätzen.
Bewege die Lippen sehr deutlich.

25 ▷ Und jetzt wird einmal gespielt!

Lesespiel: **Das verflixte „und"**

Dieses Spiel kannst du alleine spielen, dann gibt es eben keinen Sieger, oder mit anderen.
Zur Vorbereitung nimm einen Würfel und eine kleine Spielfigur je Teilnehmer.
Der Start ist beim ersten Wort des Textes. Der Würfel bestimmt, wie viele Wörter man vorfahren darf. Dann entscheidet die Wortart, wie es weitergeht. Beim Textende geht es wieder von vorne los. Wer hat als Erster den Text dreimal durchlaufen?

Spielregeln:
Kommst du auf ein Nomen (Substantiv, Hauptwort), dann geh . . . . 1 Feld **zurück,**
auf ein Adjektiv (Eigenschaftswort), dann . . . . 2 Felder **vor,**
auf ein Verb (Zeitwort), dann . . . . 3 Felder **vor.**
Bei anderen Wörtern . . . . **bleib stehen,**
beim Wort „und" musst du . . . . **zurück an den Start.**

26 Schraffiere alle Doppelkonsonanten (ff, ll, ...) mit einem Farbstift.
Achtung, auch ck und tz gehören dazu!

Lesespiel

Start Eines Tages wollte ein russischer Geschäftsmann seinen amerikanischen Geschäftspartnern eine Besonderheit bieten und organisierte für sie eine Bärenjagd. Bei den Amerikanern war die Freude groß, jeder
5 wollte nur zu gerne mit dem Fell eines sibirischen Bären nach Hause kommen und bei seinen Freunden damit angeben. Aber die Sache kam anders, als zunächst alle geglaubt hatten:

Auch in Sibirien werden die Bären schon langsam knapp und
10 die Amerikaner warteten tagelang vergeblich auf einen Bären. Die Stimmung sank und passte sich immer mehr den Temperaturen Sibiriens an. Da kam dem Russen eine glänzende Idee: Still und heimlich kaufte er einem gerade in der Nähe befindlichen Zirkus einen Bären ab. Der Zirkusbär
15 war billig, weil er schon viele Jahre auf dem Buckel hatte und ohnehin nicht mehr lange zu leben hatte. Jetzt stand dem Jagdvergnügen nichts mehr im Wege. Die Jagdgesellschaft wurde herbeigebracht und machte sich schon etwas müde auf die Suche nach einem Bären. Diesmal wurde ihre Mühe
20 belohnt und bald standen sie zu fünft bis an die Zähne bewaffnet einem leibhaftigen Bären gegenüber.

Groß war die Freude über den „echten sibirischen Bären". Jedoch ausgerechnet in diesem Moment radelte ein ahnungsloser Bauer auf seinem Fahrrad vorbei. Als der
25 den Bären sieht, fällt er vor Schreck vom Rad und läuft schreiend davon. Der Bär aber erinnert sich an seine jahrelange Zirkuserfahrung, schnappt sich das Rad und radelt auf Nimmerwiedersehen davon. *Ende* nach 3 Durchgängen

Pyramidenlesen – keine Fehler machen

27 Wie weit kommst du, ohne einen Fehler zu machen?
▷ Entweder zählst du mit, wie oft du dich selbst verbessern musst, oder ein „Trainer" beobachtet dein Lesen.
Kannst du dich steigern?
Versuche, sehr schnell zu lesen, aber die Hauptsache ist, **keine Fehler** zu machen.

Ob	Freudentränen
als	Glühwürmchen
jetzt	Unfallverhütung
trotz	Fahrradschlauch
Haus	Geburtstagsfeier
Angst	Mathematiklehrer
darum	Donaudampfschiff
alleine	Diesellokomotive
außen	Englischprofessor
damals	Wirtschaftswunder
Kosten	Sicherheitsabstand
Teppich	Sicherheitsschalter
trotzdem	Gebrauchsanleitung
Füllfeder	Windschutzscheibe
Tankwart	Ladenschlusszeiten
Kaufmann	Sachen zum Lachen
Wirtschaft	Autobahnrestaurant
Österreich	immer mit der Ruhe
Restaurant	Menschen von heute
Hängebahn	Ausreisebestimmung
Schultasche	Katzenfutterschüssel
Lederriemen	Automatenrestaurant
Wetterwarte	Freizeitbeschäftigung
Straßenbahn	Erkältungskrankheiten
Direktorstag	Jugendarbeitslosigkeit
Flaschenzug	Nachmittagsunterricht
kurz und gut	nur kurze Zeit verbilligt
Wiedersehen	Bandscheibenschaden
Wurstsemmel	Verbrennungsmaschine
Kartoffelacker	einer nach dem anderen
die oder keine	Knochenbruchverletzung
so soll es sein	Lebensrettungsgesellschaft
mit 3 % Rabatt	Sicherheitsabstandszeichen

Langsam und genau lesen

28 Lies Zeile für Zeile.
▷ Wie viele Lesefehler machst du pro Zeile?
Bei der Wiederholung an zwei weiteren Tagen mach es besser als beim ersten Mal.

Fehler beim 1., 2., 3. Mal

Ziehen knien kein Träne zeigen wiehern niesen Reise Riese neigen nie

Mitte mieten Bitte wittern beten reiten Ritter rings meiden Reiher riechen

Auspuff Auskunft ankommen Anton ausreden aufregen Amt Anfang ans

aufs Fuß ums musst ins Sinn eins Zins Buße Muße Mist bis Hass Hasen

Mut Boot Rad Maut mager Made Waage Mägde Motor Miete Häute Hüte

reif ruhig rau roh rufen Hoheit raufen riefen raten Reihe Riege Riegel

Abend Abenteuer Apparat aber abwesend Appetit aktuell Attentat Abort

Wege Stecken Steg wecken weinen wiegen Woge weder Wunder Wien

Apfel Wipfel Wimpel Mappe Waffe Zipfel Wippe wieder winken wiegen

Fehler finden

29 In jeder Zeile befindet sich ein Fehler.
Finde möglichst schnell die Fehler und tippe sie an.

Teddybär Teddybär Teddybär Teddybär Teddybär Teddybären Teddybär Teddybär

verrückt verrückt verrückt verrückt verückt verrückt verrückt verrückt verrückt verrückt

Wetteinsatz Wettiensatz Wetteinsatz Wetteinsatz Wetteinsatz Wetteinsatz Wetteinsatz

Wörterbuch Wörterbuch Wörterbuch Wörterbuch Wörterbuch Wörterbauch Wörterbuch

Auskunftsbüro Auskunftsbüro Auskunftsbüro Auskunftsbüro Auskunftsbüro Auskunftbüro

Handynummer Handynummer Handynummer Handynummer Handynummer Handykummer

Teppich Teppich Teppich Teppich Teppich Teppich Teppich Teppich Teippich Teppich

Kastanien Kastanien Kastanien Kastanien Kastanien Kastanein Kastanien Kastanien

Kommentar Kommentar Kommentar Kommentar Kommantar Kommentar Kommentar

Flügelmappe Plügelmappe Flügelmappe Flügelmappe Flügelmappe Flügelmappe

Wasserman Wassermann Wassermann Wassermann Wassermann Wassermann

Vorausblickend lesen

30 Im folgenden Text fehlen einige Wörter. Jeweils zwei Wörter stehen zur Auswahl.
Ein Wort stimmt, wähle das richtige aus.
Versuche, den Text so zu lesen, dass man nicht merkt, dass du mit den Augen hin und her wechselst.
Mache also keine Pausen.

Die Welt der Comics   Wolfgang Pramper

Am Beginn einer Comicgeschichte weiß man nicht, / sofort, wie sich die Comicfiguren im Laufe der

Geschichte verhalten werden. Beispielsweise wird Dagobert Duck wieder zeigen, dass Geld für

ihn am meisten / wenigsten zählt. Auf seine Verwandten nimmt er viel / keine Rücksicht, wenn es um

die Verringerung / Vermehrung seines Reichtums geht. Man kann sagen, dass er seit 60 Jahren in jeder

neuen Folge gleich / verschieden handelt. Sein Charakter änderte sich im Laufe der Jahre nie / oft .

Obwohl er mittlerweile zirka 12 Trillionen Euro angesammelt / verbraucht hat, jagt er täglich neuen

Millionengewinnen gelassen / verbissen hinterher. Er stellt als Figur mehrere / eine einzige Charaktereigen-

schaft(en) dar, nämlich die des Geizigen / Guten .

Schau genau!

31 Schau genau und vergleiche. Welcher Schlüssel passt?

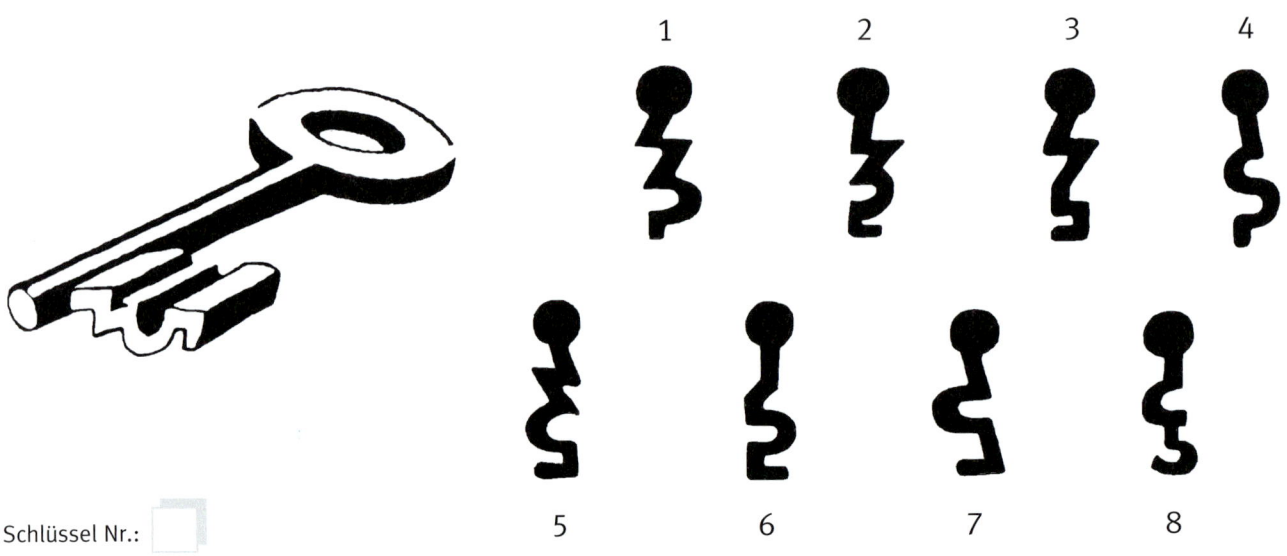

Schlüssel Nr.: ☐

Schwierige Texte lesen

32 Die beiden Gedichte sind sehr, sehr schwer zu lesen.
Schaffst du es fehlerfrei nach einer Vorbereitung?

Kleine Turnübung   Hans Adolf Halbey

Aufgezwackt und hingemotzt
angezickt und abgestotzt
jetzt die Kipfe auf die Bliesen
langsam butzen, tapfen, schniesen
dreimal schwupf dich
knitz dich
lüpf
siehstewoll – da flatzt der Büpf.

Der verdrehte Schmetterling   Mira Lobe

Ein Metterschling
    mit flauen Blügeln
       log durch die Fluft.
          Er wurde einem Computer entnommen,
             dem war was durcheinandergekommen:
                irgendein Rädchen,
                   irgendein Drähtchen,
                 und als man es merkte,
               da war's schon zu spätchen.
                 Da war der Metterschling schon feit wort …
               Wanz geit …
                 Mir lut er teid.

Bemale die Schmetterlinge schön bunt.

Fehlende Vokale ergänzen

33 Hier fehlen alle Vokale. Kannst du trotzdem das vollständige Wort nennen?
Mit einiger Übung kannst du sicher die Wörter schnell lesen.
▷ Schaffst du alle **unter einer Minute?** Oder sogar noch schneller?

Schff	Stdt	Rgnschrm	sfrt
dtsch	schrbn	Whnchtn	gnz
schnll	drfn	zmlch	Wrst
Sptmbr	Dzmbr	zsmmnstßn	Schnkn
rzhln	gntlch	pnktlch	Tsch
Fnstr	slbr	wssn	Sckn
sndrn	Smmr	pltzlch	Gbrtstg
Lcht	frtg	schlfn	mstns
Spl	Snn	Spß	spzrn
frgn	Wttr	Gls	Bhnstg

Zeit beim ersten Mal: Zeit beim zweiten Mal: Zeit beim dritten Mal:

Blitzschnell mit den Augen suchen

34 In dem Buchstabenrechteck sind 30 **männliche Vornamen** versteckt. **25 davon** sollst du finden,
schreibe sie heraus. Sie sind von oben nach unten und von links nach rechts zu lesen.

F	W	E	D	G	A	R	G	M	R	U	D	I
R	A	I	M	U	N	D	R	A	O	M	K	N
I	E	R	N	S	T	A	S	R	B	A	L	O
E	L	O	T	T	O	B	G	T	E	T	M	R
D	Ä	F	R	A	N	Z	G	I	R	H	A	B
R	S	C	V	V	A	L	E	N	T	I	N	E
I	I	J	O	S	E	F	O	F	B	A	U	R
C	M	Ö	G	A	N	D	R	E	A	S	E	T
H	O	R	S	T	J	K	G	W	I	L	L	I
G	N	G	U	S	T	A	V	C	G	E	R	Z
H	A	N	S	M	A	R	I	O	T	O	M	W
H	U	G	O	W	A	L	T	E	R	E	D	I

Unvollständige Texte lesen

35 Im folgenden Text fehlen einige Wörter. Sie stehen in der Randspalte.
Versuche, den Text – möglichst ohne Stocken – zu lesen.
Mit einiger Übung wird dir das sicher gut gelingen.

Der Tag, an dem alles anders wurde   Wolfgang Pramper

Eines Tages hat Dagobert eine glänzende _____,   *Idee*
die ihm mehrere Millionen _____ bringen soll.   *Euro*
Donald soll ihn mit seinen _____ auf eine einsa-   *Neffen*
me Insel begleiten, um einen _____ zu heben.   *Schatz*
Da _____ das Schicksal in Entenhausen zu: *schlägt*   5
Dagobert _____ verhaftet und   *wird*
von einem _____ wegen   *Gericht*
_____ Steuerhinterziehung   *jahrelanger*
zu 10 Jahren _____ verurteilt.   *Gefängnis*
Nun ist es vorbei mit _____ tägli-   *dem*   10
chen Geldbad, Dagobert _____ ein-   *stirbt*
sam in seiner Zelle. _____ Wunder,   *Kein*
bei seinen 90 _____. Zur selben   *Jahren*
Zeit verliert Daniel Düsentrieb bei
einem _____ den rechten Arm   *Experiment*   15
und erblindet. _____ und Daisy   *Donald*
heiraten _____. Tick, Trick und   *endlich*
Track _____ von zu Hause aus   *ziehen*
und gründen eine _____, die nach   *Firma*
kurzer Zeit _____ geht. Zusammen mit Gustav   *pleite*   20
Gans, der _____ Lottospielen sein ganzes   *beim*
Vermögen _____ hat, arbeiten sie als Teller-   *verloren*
wäscher bis zu ihrer Pensionierung. Hingegen
können die Panzerknacker _____ nachweisen,   *endlich*
dass _____ sie vor langer Zeit bestohlen hat,   *Dagobert*   25
und sie werden vom Gericht als _____ des   *Alleinerben*
Vermögens von Dagobert Duck eingesetzt. Daisy
_____ sich einer Schönheitsoperation wegen   *unterzieht*
ihrer Gesichtsfalten. Leider _____ dem Arzt ein   *passiert*
kleines Missgeschick, und Daisy muss fortan mit   30
einer _____ leben. Donald wird von Kater Karlo   *Geiernase*
gebissen und verliert durch den _____ seine   *Schock*
Sprache. Er kann nurmehr _____. Darauf lässt   *quaken*
sich Daisy scheiden und heiratet Superman.

Schau genau!

36 Ordne die Bildausschnitte im Signal den Kreisen im Bild zu.
Welcher Buchstabe gehört zu welcher Ziffer?

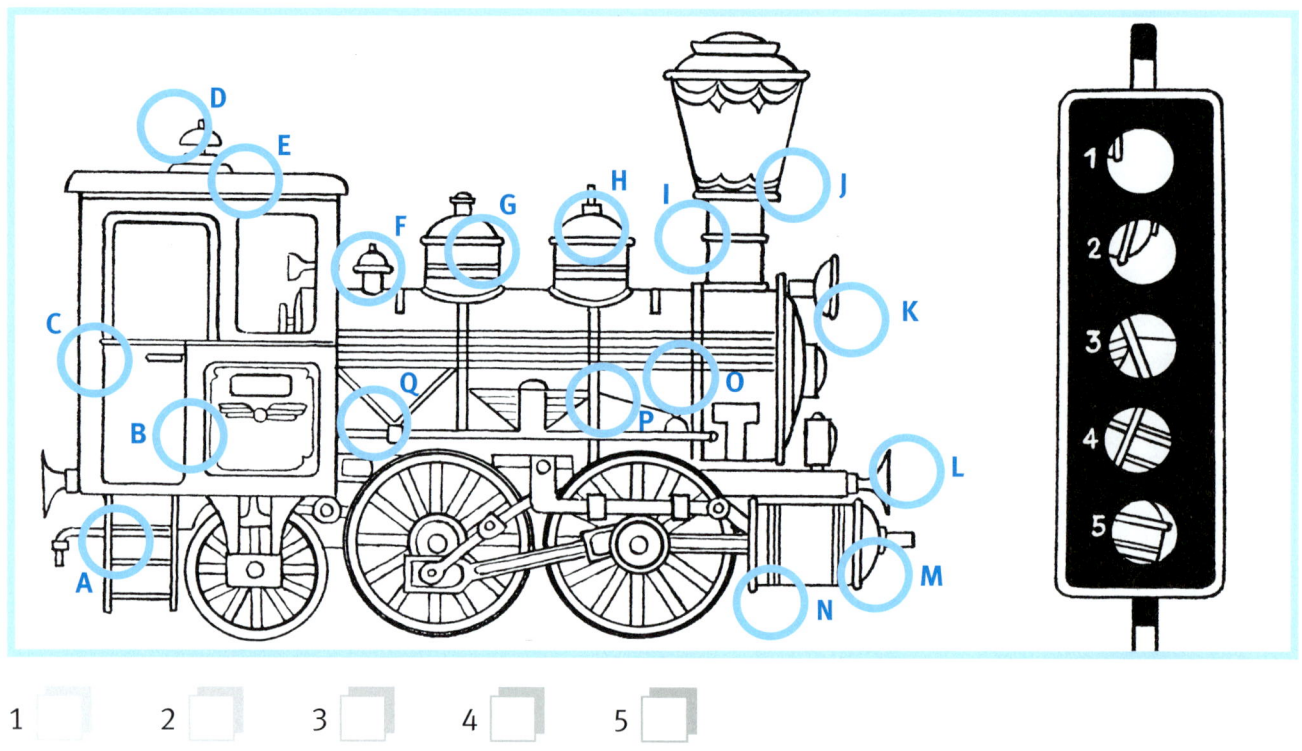

1 □   2 □   3 □   4 □   5 □

Konzentrationsübung: Wie schnell bist du?

37 ▷ Zeige der Reihe nach auf die Zahlen von **1 bis 25.** Lass deine Zeit stoppen.

Länger als 3 Minuten: . . . . Üben!! Üben !!

2.30 bis 3.00 Minuten: . . . . Es könnte schneller sein!

2.00 bis 2.30 Minuten: . . . . Du bist ausreichend schnell!

1.30 bis 2.00 Minuten: . . . . Toll! Du bist wirklich sehr schnell!

1.00 bis 1.30 Minuten: . . . . Fantastisch!

Unter einer Minute: . . . . Deine Schnelligkeit ist unglaublich!

Toll! Oder hast du die Uhr falsch gelesen?

Texte mit Hindernissen lesen

38 Es ist nicht leicht, den folgenden Text zu lesen. Da kann dir ganz schön schwindlig werden. Schaffst du es?

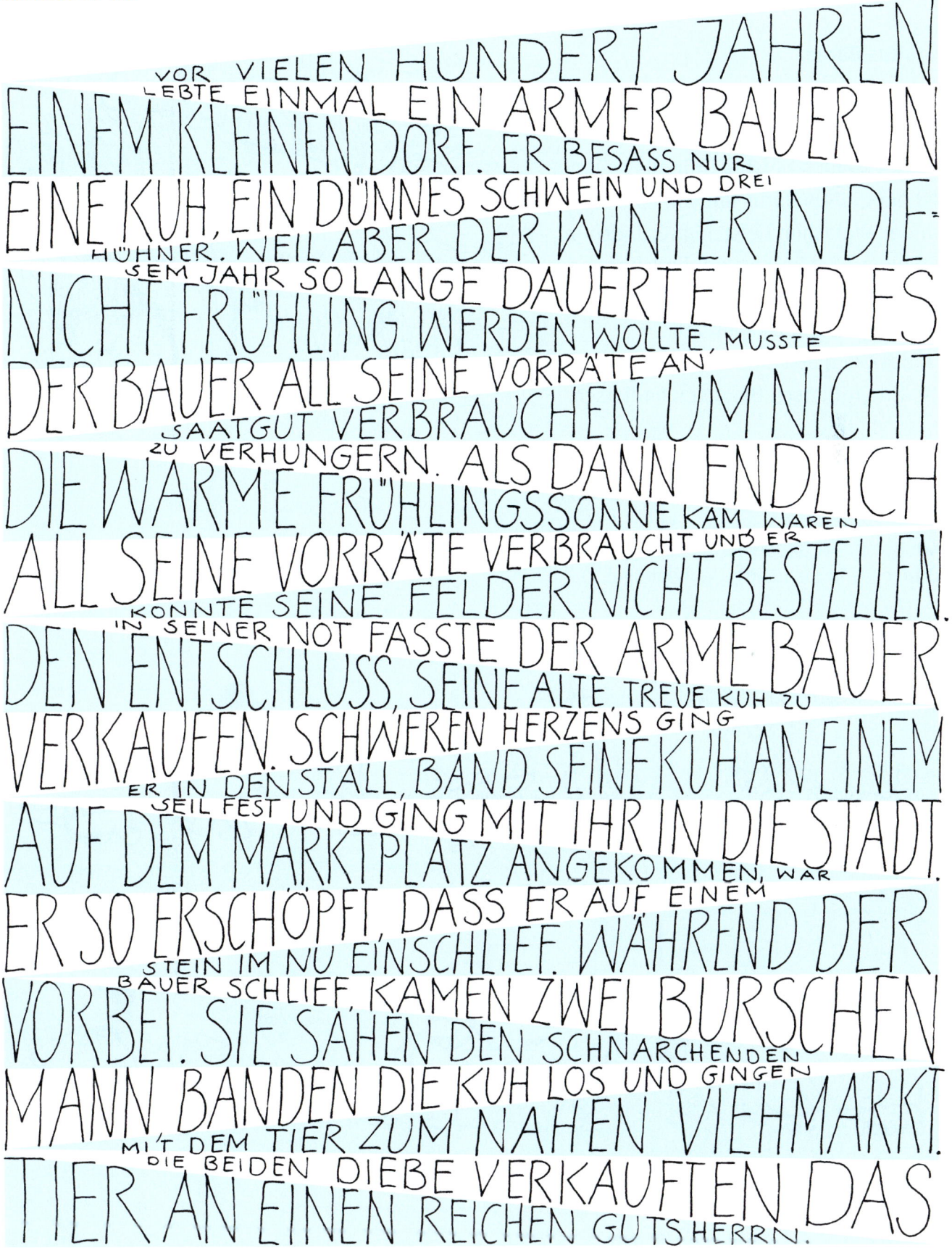

VOR VIELEN HUNDERT JAHREN LEBTE EINMAL EIN ARMER BAUER IN EINEM KLEINEN DORF. ER BESASS NUR EINE KUH, EIN DÜNNES SCHWEIN UND DREI HÜHNER. WEIL ABER DER WINTER IN DIESEM JAHR SOLANGE DAUERTE UND ES NICHT FRÜHLING WERDEN WOLLTE, MUSSTE DER BAUER ALL SEINE VORRÄTE AN SAATGUT VERBRAUCHEN, UM NICHT ZU VERHUNGERN. ALS DANN ENDLICH DIE WARME FRÜHLINGSSONNE KAM, WAREN ALL SEINE VORRÄTE VERBRAUCHT UND ER KONNTE SEINE FELDER NICHT BESTELLEN. IN SEINER NOT FASSTE DER ARME BAUER DEN ENTSCHLUSS, SEINE ALTE TREUE KUH ZU VERKAUFEN. SCHWEREN HERZENS GING ER IN DEN STALL, BAND SEINE KUH AN EINEM SEIL FEST UND GING MIT IHR IN DIE STADT. AUF DEM MARKTPLATZ ANGEKOMMEN, WAR ER SO ERSCHÖPFT, DASS ER AUF EINEM STEIN IM NU EINSCHLIEF. WÄHREND DER BAUER SCHLIEF, KAMEN ZWEI BURSCHEN VORBEI. SIE SAHEN DEN SCHNARCHENDEN MANN BANDEN DIE KUH LOS UND GINGEN MIT DEM TIER ZUM NAHEN VIEHMARKT. DIE BEIDEN DIEBE VERKAUFTEN DAS TIER AN EINEN REICHEN GUTSHERRN.

Schwierige Texte lesen

39 Das Gedicht ist sehr, sehr schwer zu lesen.
Schaffst du es fehlerfrei nach einer Vorbereitung?

Großus Bärus

In des Waldes tiefsten Gründen
Ist ein großer Bär zu finden.
In des Waldus tiefstus Gründus
Ist ein großus Bärus findus.
In des Waldchim tiefstchim Gründchim
Ist ein großchim Bärchim findchim.
In des Waldoli tiefstoli Gründoli
Ist ein großoli Bäroli findoli.
In des Waldlatsch tiefstlatsch Gründlatsch
Ist ein großlatsch Bärlatsch findlatsch.

Bilder der Reihe nach ordnen

40 Bei dieser Bildergeschichte sind die Bilder durcheinandergeraten.
Bringe sie in die richtige Reihenfolge!

A	B	C

D	E	F

Augengymnastik und Konzentrationsübungen

Gleiche und ungleiche Paare vergleichen

41 Wie viele ungleiche Paare findest du?

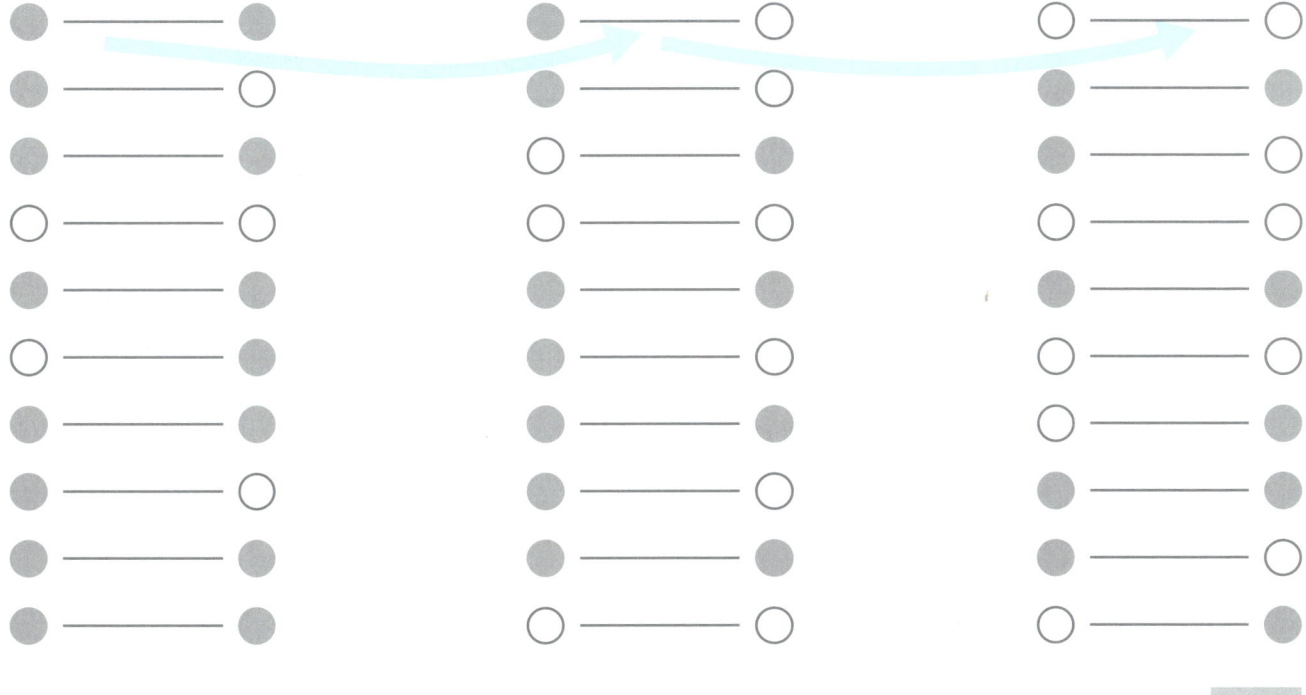

Zahl der ungleichen Paare:

Schau genau!

42 Schau genau! Wo ist der fehlende Teil?
Schreibe die Ergebnisse auf.

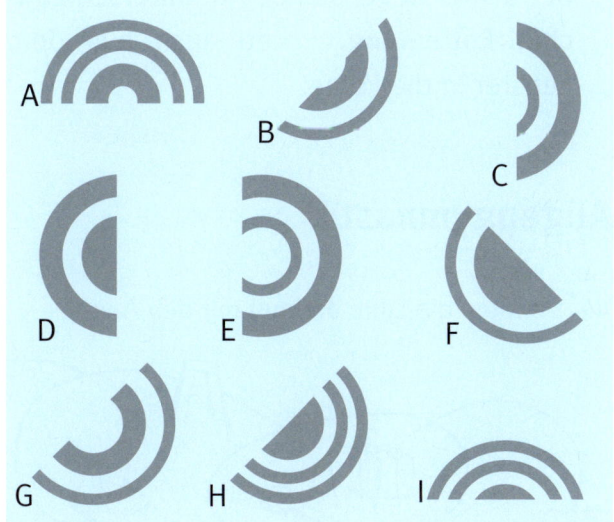

1 □   2 □   3 □

Die Augenmuskeln entspannen

43 Wenn man längere Zeit die gleichen Bewegungen mit den Augen ausführt, ermüden sie und die Sehschärfe lässt nach. Das kommt vor, wenn man lange in einem Buch liest oder vor dem Bildschirm sitzt. Zur Erfrischung der Augen sind die folgenden **Übungen** empfehlenswert.

Massiere leicht mit Daumen oder Zeigefinger die **Knochen** rund um deine Augenhöhlen durch **kleine Kreisbewegungen.**

Stelle dir einen **unsichtbaren Faden** zwischen deinen **beiden Zeigefingern** vor. Folge dem Faden mit deinen Augen hin und her. Beginne mit einem kleinen Abstand, der dann größer wird. Zuerst halte die Finger waagrecht voneinander entfernt, dann senkrecht.

Halte deinen rechten Arm mit ausgestrecktem **Zeigefinger** weg. Dann führe die Zeigefinger **langsam zur Nasenspitze** und wieder weg. Verfolge dabei genau die Spitze deines Zeigefingers.

Bedecke deine Augen mit der **hohlen Handfläche,** sodass es deine Augen möglichst **dunkel** haben. Ruhe deine Augen einige Minuten so aus.

Lass deinen Blick umherschweifen und betrachte Gegenstände in **unterschiedlicher Entfernung.** Schau auch aus dem Fenster in die Ferne.

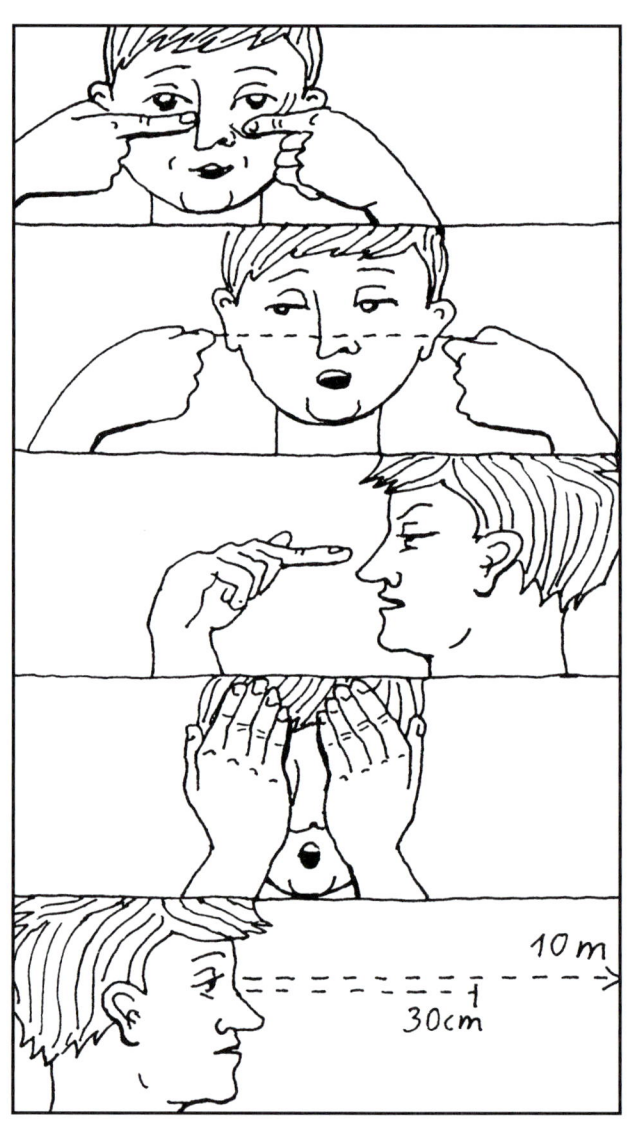

Augengymnastik

44 Verfolge die Linie **dreimal** mit den Augen!

Suchen und entdecken

45 Im folgenden Text sind **30 Tiernamen** versteckt. Sie sind schwer zu finden.
Kannst du sie entdecken?
Unterstreiche die gefundenen Tiernamen.
Achtung, manche gehen über zwei, drei Wörter, manchmal sind mehrere Tiere in einem Wort versteckt.

Eine seltsame Tiergeschichte   Wolfgang Pramper

Am selben Vormittag wollte sich Erich ein Fahrrad anschaffen. Obwohl zuerst sein Papa geizte, kaufte er doch vom befreundeten Herrn Sensal am anderen Tag ein Rad. Bei seiner ersten Ausfahrt in den Seilergraben sah er neugierige Leute auf dem Aussichtsturm. Später kamen ihm auf der Straße der Advokat Zenker und Freiherr von Bernhard in Erlangen entgegen. Bei einem Meilenstein bockte ein Ross vor dem Radler und wurde scheu. Ein Wächter mit Energie ging an seine Seite, und es gelang ihm, tapfer den Wagen zu halten. Das bärenstarke Ross war jedoch auf dem eisernen Kanalgitter gestürzt und kam elend um. Ein gewaltiger Krach war bis zum Dachstuhl des angrenzenden Hauses zu hören. Steine sah man fliegen und es lag ein Mensch lange da.

Wie heißt dieses Tier?

Jagufant, Krogenbär oder Schimkabock?

Natürlich Jagufant, das ist eine Kreuzung aus
Jaguar/Kän**gu**ru/Ele**fant**

46 Bilde selbst „neue Tiernamen".
Dazu brauchst du dreisilbige Tiernamen, die du vermischst.

Aus Krokodil, Ziegenbock, Ameise wird Krogense oder Ziemeidil oder …

_____

_____

_____

_____

_____

_____

_____

Wörter mit einem Blick erfassen

47 Lies die Zeilen möglichst schnell.
Versuche, „richtig Gas" zu geben und mit deinem Höchsttempo zu lesen.
Wandere dabei mit dem Blick die Linie hinunter.
Versuche, die Zeilen mit einem Blick zu erfassen und nicht von links nach rechts zu lesen.
Lies zuerst leise, dann laut. Und noch ein drittes Mal, mit noch mehr Tempo.

Stadt	öffnen	richtig
darüber	rechts	Reh
scheinen	Stempel	ärgern
Schluss	Kleber	Versuch
schreiben	Lampe	Lärche
dürfen	Kasten	Bleistift
einige	Erde	drei
denken	gründen	Uhr
schlecht	Termin	filmen
Dezember	erben	wieder
eigentlich	Türe	aber
schwer	turnen	Schere
selber	endlich	eingeben
essen	Erwin	fertig
sitzen	Licht	verbessern
fallen	sitzen	Berthold
Sommer	über	rechnen
fertig	Essig	Schmerz
Hülse	Briefmarke	Roller
wässern	Schule	nötig
Buch	Keller	Regel
siegen	ergeben	brauchen
brechen	Spitzer	Groschen
regnen	werden	wohnen
danke	Hemd	Korb
Sommer	Barthaare	Schuhe
Sicherheit	Tischtuch	Teppich
Taschentuch	Kästchen	Tafeltuch
Decke	Telefon	Waage
übrigens	Schnee	Liebe
nachher	Fenster	Teller

Konzentrationsübung

48 Im Buchstabenfeld sind 37 **Pflanzennamen** versteckt.
Wie lange brauchst du, um **30** zu finden?
Schaffst du es unter 10 Minuten?

W	E	A	R	O	S	E	Q	K	Ü	R	B	I	S	W	E	R	T	W	Z
L	K	I	E	F	E	R	X	Y	G	F	D	S	A	A	P	O	I	E	U
P	U	B	F	I	N	G	E	R	H	U	T	Y	L	W	S	M	A	I	S
U	C	V	E	B	N	M	K	O	P	L	Q	A	B	X	E	D	C	Z	R
J	F	V	U	T	G	B	B	I	R	K	E	Z	E	K	H	R	N	E	U
E	R	B	S	E	L	J	M	I	K	A	O	L	I	A	H	O	R	N	P
M	Q	A	P	H	A	F	E	R	Y	S	W	L	S	K	X	G	E	D	C
K	R	F	R	V	U	T	G	B	Z	T	H	Ä	N	T	Ö	G	A	U	J
I	V	E	I	L	C	H	E	N	M	A	I	R	K	U	O	E	P	L	P
N	Ö	Q	M	O	H	N	A	Y	W	N	S	C	X	S	T	N	F	E	K
A	D	C	E	R	F	V	T	G	F	I	C	H	T	E	U	B	E	Z	L
R	H	N	L	U	J	M	I	K	L	E	O	E	P	Ä	L	I	L	I	E
Z	Ü	G	Ä	N	S	E	B	L	Ü	M	C	H	E	N	P	Q	B	A	E
I	Y	W	S	X	E	D	X	E	D	C	R	F	V	E	E	T	A	G	B
S	Z	H	N	Z	H	N	U	N	U	J	M	I	K	L	O	L	U	P	F
S	O	N	N	E	N	B	L	U	M	E	F	B	S	K	M	U	M	F	I
E	Ö	L	O	Ü	R	L	I	N	D	E	V	N	A	E	H	W	E	R	C
O	J	I	B	R	E	N	N	N	E	S	S	E	L	T	G	Z	H	U	H
E	W	S	X	C	D	E	S	F	V	B	G	T	A	S	T	E	R	Z	T
T	L	K	T	A	N	N	E	N	Z	T	O	U	T	I	B	O	H	N	E

Augengymnastik

49 Verfolge möglichst schnell den Weg der Mäuse.
Welche Maus kommt in welches Mauseloch?

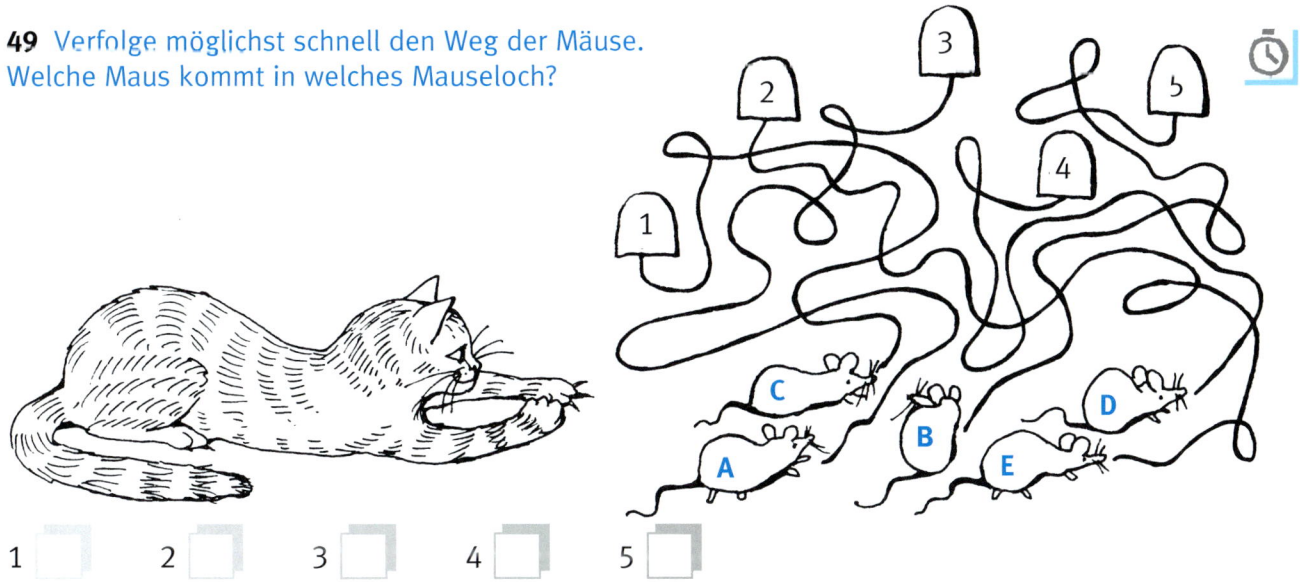

1 ☐   2 ☐   3 ☐   4 ☐   5 ☐

Konzentrationsübung

50 An welcher Stelle im Raster haben diese Wörter Platz?
Für jedes Wort kommt nur eine Stelle in Frage.

- plötzlich
- gierig
- lustig
- eckig
- stündlich
- grässlich
- tödlich
- heilig
- Reisig
- ziemlich
- herzig
- vergeblich
- riesig
- nötig
- ölig
- gütig
- saftig
- windig
- verständlich
- möglich

p			g		r				g
				g					
ö							ö		
		ü							
			g	ä	ss			c	h
	ö		g	n				h	
c		g	R	ö		c			m
h		c				h			ö
		h			g		w		
				g	ü			g	
c	s	a		g					
h		r		g					c
				ä				c	h
			g						

Wörter suchen

51 Im Buchstabenquadrat sind Wörter mit „ei" und „ai" versteckt.
Auf dem Plan siehst du, wie sie zu finden sind. Schreibe die Wörter auf die Leerzeilen.

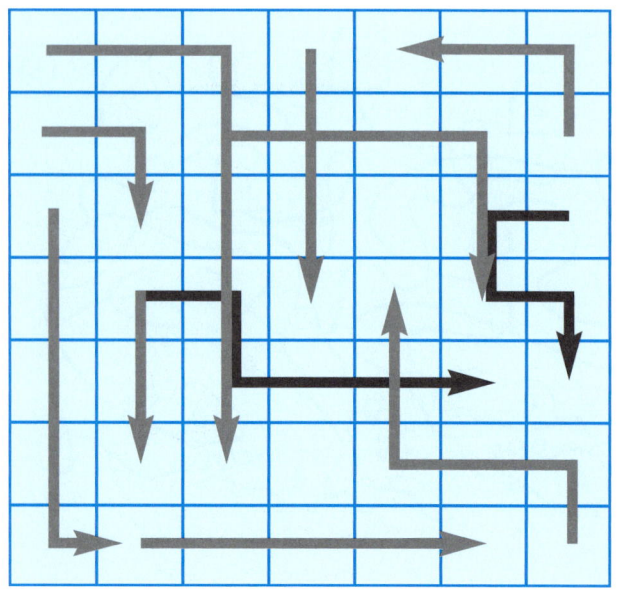

B	R	O	M	E	I	A
H	A	T	A	I	L	L
D	I	L	I	L	L	G
E	K	A	S	R	E	I
T	A	I	S	E	R	S
A	I	B	R	H	I	E
I	L	E	I	S	E	R

Wörter mit „ei" und „ai":

_____

_____

_____

_____

Konzentrationsübung

52 Suche im linken Feld die Ziffer 1, dann übertrage sie in das entsprechende Kästchen im rechten Feld. Dann die Ziffer 2 und so weiter.

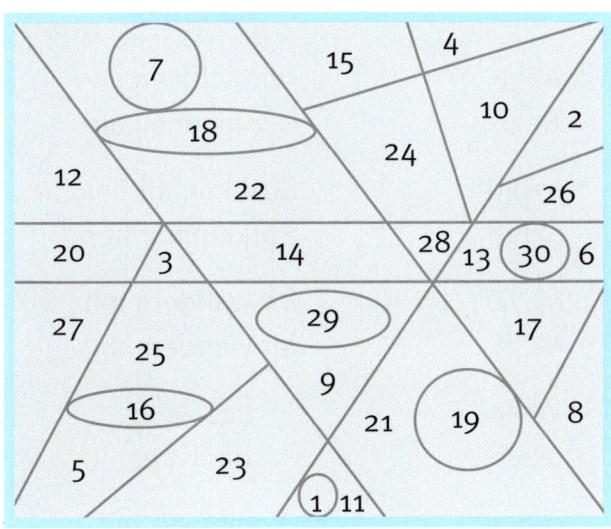 

Schau genau!

53 Welche Scherbe ist die richtige?

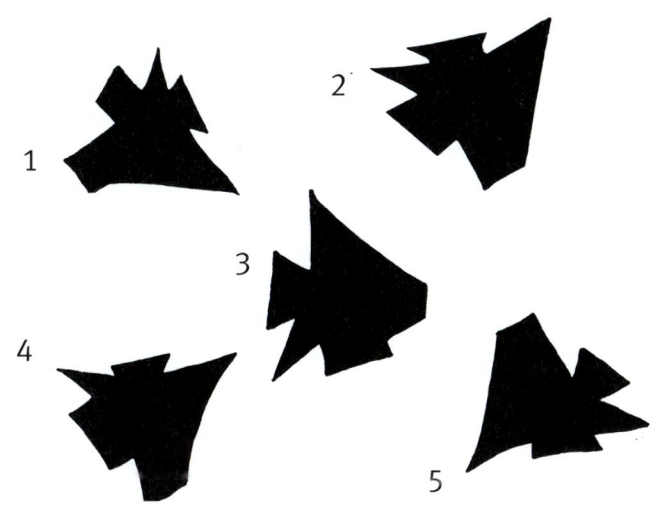 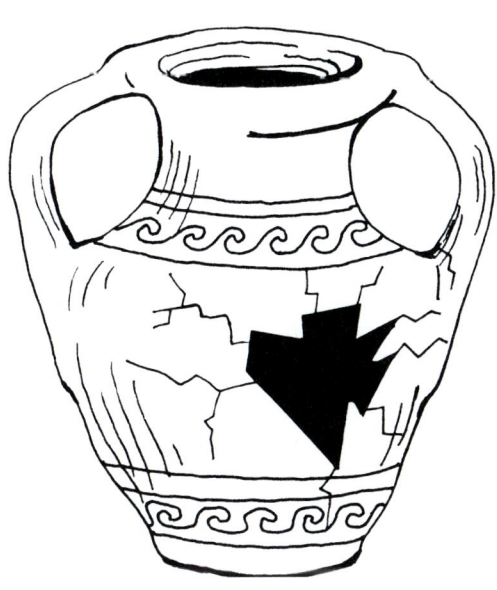

Gleiche und ungleiche Paare vergleichen

54 Wie viele **ungleiche** Paare findest du hier, wenn du möglichst schnell bist?

37	1991	4848	offen halten
37	9191	8484	Affen halten
84	773	RTPN	sie loben
48	773	RTBN	sie leben
79	BMW	6314	Wein
79	BMW	3614	Wien
21	LBL	klrt	nicht hier
21	LBL	klrt	noch hier
34	POP	ab36	wir nahmen an
43	OPP	Ba36	wir nehmen an
63	MKL	07tgd	Susi kommt her
33	MLK	07tgd	Sofi kommt her
73	QTR	Ml.78	wir wandern mit
38	QTR	Ml.78	wir wandern mit
82	UZTF	ober	das ist er
87	UFTZ	aber	da ist er
95	GFDS	danke	komm mit mir
96	GFDS	denke	komm mit mir
1946	LPÜL	waren	Verkehrszunahme
1964	LPÜL	wären	Verkehnrzunahme
4772	JHUI	Bären	der Vater hilft mir
4772	JHOI	Bären	der Pater hilft mir
1821	5457	fuhr	ist dies die Tasche
1921	5457	fahr	ist das die Tasche
669	5389	bekommen	Schau genau her!
996	5398	beklommen	Schau genau her!
5446	TUBC	bald	Wo bist du gewesen?
5446	TVBC	kalt	Wo bist du gewesen?

Die Zahl der ungleichen Paare:

Suchen und entdecken

55 Lies die linke Spalte, decke sie dann ab und lies anschließend die rechte Spalte.
Hier haben sich **5 Abweichungen** vom linken Text eingeschlichen.
Stelle sie fest, ohne nachzulesen.

Die Ströme und das Meer   Äsop

Einst kamen die Ströme zusammen und machten dem Meer Vorwürfe. Sie sagten zu ihm: „Wir kommen in deine Wasser und sind trinkbar und süß, warum machst du uns salzig und untrinkbar?" Als das Meer sah, dass sie ihm solche Vorwürfe machten, sagte es zu ihnen: „Ihr braucht ja nicht zu kommen, dann werdet ihr auch nicht salzig!"

Die Ströme und das Meer   (nach Äsop)

Einst kamen die Flüsse zusammen und machten dem Ozean Vorwürfe. Sie sagten zu ihm: „Wir kommen in deine Wasser und sind süß und trinkbar, warum machst du uns salzig und untrinkbar?" Als das Meer sah, dass sie ihm solche argen Vorwürfe machten, sagte es zu ihnen: „Ihr braucht ja nicht zu kommen, dann werdet ihr auch nicht versalzen!"

Konzentrationsübung

56 Suche im linken Feld die Ziffer 1, dann übertrage sie in das entsprechende Kästchen im rechten Feld. Dann die Ziffer 2 und so weiter.

Augengymnastik

57 Hier siehst du eine Menge Schlangen.
Kannst du feststellen, **wie viele** es sind?

Die Zahl der Schlangen:

Wörter mit einem Blick erfassen

58 Lies die Zeilen möglichst schnell.
Versuche, „richtig Gas" zu geben und mit deinem Höchsttempo zu lesen.
Wandere dabei mit dem Blick die Linie hinunter.
Versuche, die Zeilen mit einem Blick zu erfassen und nicht von links nach rechts zu lesen.

Blume	schreiben	schneiden
plötzlich	dürfen	schneien
darauf	See	ein Wort
Sache	einige	stellten
schließen	denken	schnitten
schön	bleiben	dennoch
Schwester	holen	sehen
einfach	treffen	stoppen
Schiff	kommen	meistens
deutsch	grüßen	greifen
schnell	vielleicht	sagen
Schule	bisschen	Schinken
eigene	heißen	herein
einmal	viel wissen	zusammen
Seite	viel reden	ziemlich
Ende	heraus	sogar
erzählen	ängstlich	Nachbar
etwas	im Wort	nachher
sollen	danach	September
Fenster	pfeifen	Schloss
Feuer	im Ort	sah plötzlich
sicher	rufen	nicht sicher
Sohn	raufen	dann kommen
sondern	innerhalb	nichts wissen
Licht	außerhalb	eine Münze
Spiel	erschrak	vergessen
fragen	pünktlich	passieren
Stadt	nehmen	passierte
darüber	nachher	schicken
scheinen	vorkommen	schneiden
Schluss	pünktlich	verlieren

Schaffst du es noch einmal von vorne, mit noch mehr Tempo?

Augengymnastik

59 Kannst du den Text lesen, ohne das Buch zu drehen?

So ein kleines Flugzeug kann tolle Kunststücke vorzeigen. Schwindelfrei sein, Der Pilot muss aber sonst wird ihm schlecht. Das wäre peinlich für die Zuschauer.

60 Welcher Hut gehört wem?

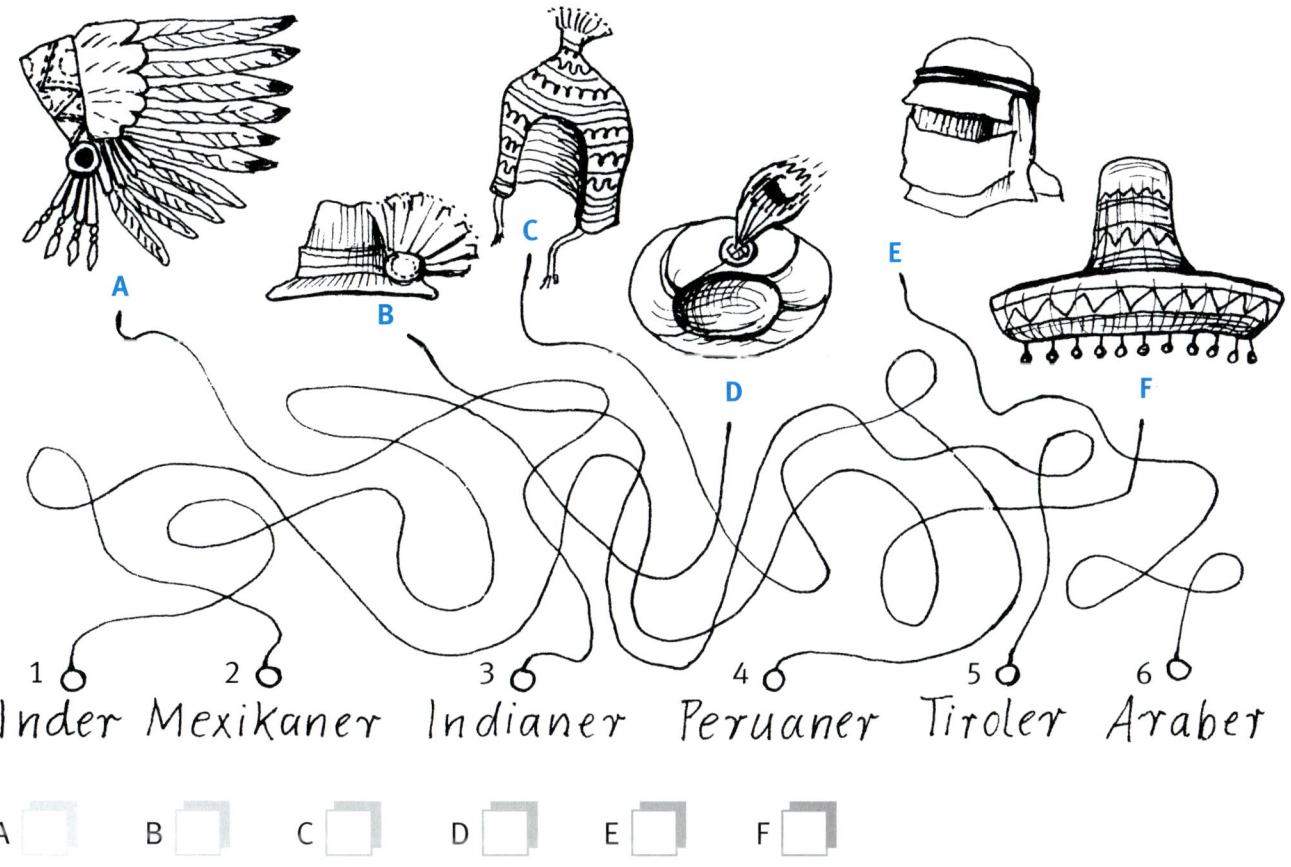

Inder   Mexikaner   Indianer   Peruaner   Tiroler   Araber

A ☐   B ☐   C ☐   D ☐   E ☐   F ☐

Schau genau!

61 Im Wortfeld findest du 40 Wortpaare und 11 einzelne Wörter.
Finde möglichst rasch **jene 11 Wörter,** die nur einmal vorkommen.
Streiche die doppelten durch und kreise die einfachen ein.

nic	Sieb	wie	oft	tropft	einen	tragen
deinen	Vase	zahlen	Hase	zeichne	reiche	fasse
hasse	borgen	sorgen	halten	haben	nehmen	Namen
Platz	fragen	lagen	nähen	laben	Hase	zeichne
Koffer	gaben	jagen	wohl	gaben	jagen	Ort
Wort	halten	stottern	Liebe	Hiebe	Sohle	laben
Diebe	sieh	Liebe	deinen	stottern	spotten	Diebe
wurde	haben	spotten	reiche	fasse	nic	wie
ahnen	Bügel	Hiebe	Wort	Platz	zahlen	Rand
Bade	fand	nehmen	hasse	Prügel	Wohle	Namen
fragen	lagen	Rand	fand	borgen	Schatz	wohl
Sohle	Prügel	Ort	spalten	Bügel	Besen	sorgen
oft	tropft	Vase	wurde	Sport	einen	Schatz

Augengymnastik

62 Suche die fehlenden 4 Zahlen.

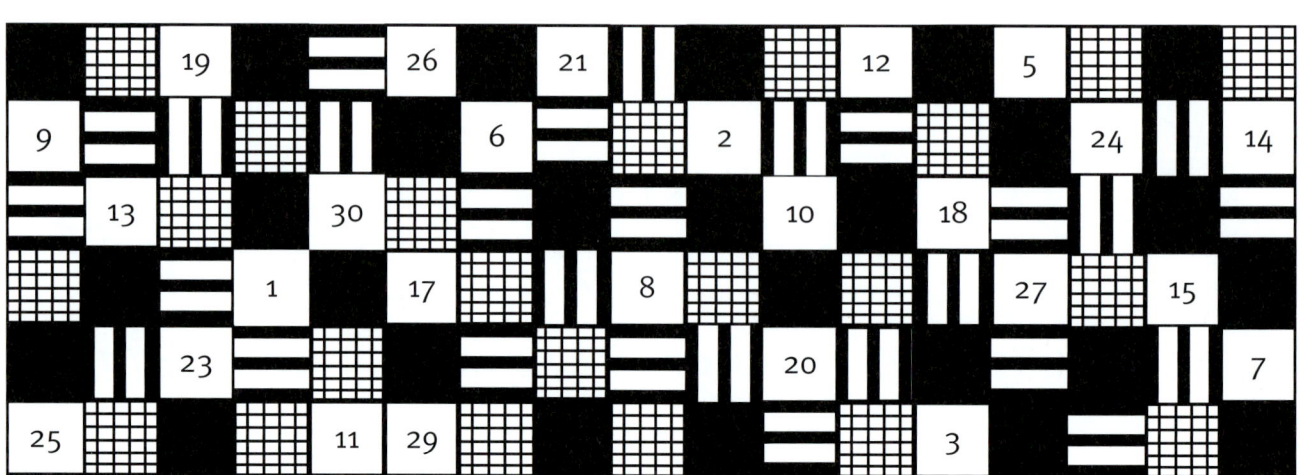

Suchen und entdecken

63 Im folgenden Bild haben sich **15 Fehler** eingeschlichen. Entdecke sie und kreise sie ein.

Schau genau!

64 In die folgenden Wortlisten haben sich **Fehler** eingeschlichen. Zähle rasch, wie viele es sind.

Wortliste 1

Kind Kind Kind Kind Rind Kind Kind Kind Kind Kind Kind Kind Kind Kind Kind Kind
Kind Kind Kind Kind Kind Kind Kind Kind Kind blind Kind Kind Kind Kind Kind Kind
Kind Kind Kind Kind Kind Kind Kind Kind Kind Kind Kind Kind Kind Kind Kind Kind
Kind Kinn Kind Kind Kind Kind sind Kind Kind Kind King Kind Kind Kind King Kind
Kind Kind Kind Kinn Kind Kind Kind Kind Kind Kind Kind Kind Kind Kind Kind Kind

Die Zahl der Fehler:

Wortliste 2

ziemlich   ziemlich   wiemlich   ziemlich   ziemlich   ziemlich   ziemlich   ziemlich   ziemlich
ziemlich   ziemlich   ziemlich   ziemlich   ziemlich   ziemlich   ziemlich   ziemlich   ziemlich   ziemlich
ziemlich   ziemlich   Ziemloch   ziemlich   ziemlich   ziemlich   seimlich   ziemlich
ziemlich   ziemligg   ziemlich   ziemlich   ziemlich   ziemlich   ziemkich   ziemlich   zicmlich   ziemlach
ziemlich   ziemlich   ziemlich   ziemlich   ziemlich   ziemlich   ziemlich   ziemlich   ziemlich

Die Zahl der Fehler:

Wortliste 3

Feiertag   Feiertag   Feiertag   Feiertag   Feiertag   Feiektag   Feiertag   Feiertak   Feiertag
Feiertag   Feiertag   Feiertag   Feiertag   Feiertag   Feiertag   Feiertag   Feiertag
Feiertag   Feiertag   Feiertag   Feiertag   Feiertag   Feiertag   Meiertag   Feiertag   Feiertag   Feiertag
Leiertag   Feiertag   Feiertag   Feiertag   Feiertag   Feiertag   Feiertgg   Feiertag
Feirrtag Feiertag Feiertag Feiertag Feierdag Feiertag Feiertag Feiertag Feiertag Feiertag Feiertag

Die Zahl der Fehler:

Wörter mit einem Blick erfassen

65 Lies die Zeilen möglichst schnell.
Versuche, „richtig Gas" zu geben und mit deinem Höchsttempo zu lesen.
Wandere dabei mit dem Blick die Linie hinunter.
Versuche, die Zeilen mit einem Blick zu erfassen und nicht von links nach rechts zu lesen.
Lies zuerst leise, dann laut.

bereden	bitten	begreifen
Werk	dann	wackeln
anders	rechts	erwidern
Herz	Reichtum	Kommentar
Kreide	Sieg	Untersuchung
erste	Natur	Wanderweg
Land	Vorhang	Forelle
Lehrer	Aufzug	Lehrerin
Pfeife	danken	Gebäude
leben	versprechen	U-Bahn
Arbeit	Durchsage	Lampenschirm
Dreieck	Pinzette	Eisenbahn
Brief	Lautsprecher	Schalter
ohne	Fensterscheibe	Modell
dabei	Buchrücken	besuchen
Platz	Schreibtisch	Botschaft
daran	Tasse	Himmel
richtig	bohren	Natur
aber	Schere	Geheimnis
Mann	Tankstelle	Transformator
möglich	Motorboot	auslaufen
Angst	Auskunft	verabschieden
Mühe	halten	Fahrschein
Arbeiter	bisher	Münze
Mensch	richtig	Aufsicht
besonders	Reifen	Teddybär
nichts	Zeugnis	begrüßen
anders	Sicherheit	Datum
bekommen	Zeugnis	Experte
Christbaum	Fensterscheibe	Kerzen

Noch einmal von vorne! Geht es mit noch mehr Tempo?

Suchen und entdecken

66 Im folgenden Bild findest du Hinweise auf **8 Märchen.**
Entdecke sie, kreise sie im Bild ein und schreibe darunter, um welche Märchen es sich handelt.

_____   _____

_____   _____

_____   _____

_____   _____

Schau genau!

67 Vergleiche die beiden Bilder und stelle die **5 Unterschiede** fest. Kreise sie ein.

Texte mit Hindernissen fehlerfrei lesen

68 Das folgende Minimärchen von Klaus Piper ist schwer zu lesen. Probiere es einmal. Vielleicht schaffst du es später sogar, in weniger als einer Minute den Text zu lesen.

ES WAR EINMAL EIN MÄDCHEN, DAS WOLLTE NUR EINEN VERZAUBERTEN PRINZEN HEIRATEN UND GING DESWEGEN JEDEN TAG ZUM DORFTEICH, UM FRÖSCHE ZU FANGEN. SIE HATTE GEHÖRT, DASS MAN EINEN FROSCH, DER EIGENTLICH EIN PRINZ IST, NUR EINMAL ZU KÜSSEN BRAUCHTE, UM IHN ZU ERLÖSEN. NUN HATTE DAS MÄDCHEN SCHON JAHRELANG FRÖSCHE GEKÜSST, ABER ES WAR EINFACH KEIN VERZAUBERTER PRINZ DABEI, UND DAS MÄDCHEN WAR SCHON ZIEMLICH ALT GEWORDEN UND HATTE RHEUMA VOM KALTEN WASSER IM DORFTEICH. DA GELANG ES IHR EINES TAGES, EINEN BESONDERS DICKEN QUAKER MIT IHREM KÄSCHER[1] ZU FANGEN. BIST DU EIN PRINZ?", FRAGTE DAS ALTE MÄDCHEN. "QUAK!", MACHTE DER FROSCH. DAS MÄDCHEN WAR ABER IM LAUFE DER JAHRE SCHON SCHWERHÖRIG GEWORDEN UND DACHTE, DER FROSCH HABE NICHT "QUAK" SONDERN "QUATSCH" GESAGT. DA WURDE SIE WÜTEND UND KNALLTE DEN ARMEN FROSCH AN DIE WAND. UND SEITDEM IST NATÜRLICH KEIN PRINZ MEHR SO BLÖDE, SICH IN EINEN FROSCH ZU VERWANDELN.

1 **Käscher:** Fischfangnetz

Schau genau!

69 Zu welchem Schatten passt die Lokomotive?   Nummer: [　　　]

 1

 2

 3

 4

 5

Suchen und entdecken

70 In dem Flohmarkt-Laden von Onkel Wanja hat sich viel Ramsch angesammelt.
Beantworte die folgenden Fragen nach dem Betrachten des Bildes:

Welche beiden Sachen befinden sich doppelt im Laden?

Hat er etwas für die Gartenarbeit?

Hat er elektrisches Werkzeug?

Hat er mehr Werkzeug oder mehr Küchengeräte?

Schau genau!

71 Im Wortfeld findest du 40 Wortpaare und 11 einzelne Wörter.
Finde möglichst rasch **jene 11 Wörter,** die nur einmal vorkommen.
Streiche die doppelten durch und kreise die einfachen ein.

Strahlen	Torte	Tafel	Naht	Wahlen	Hütte	Mitte
~~Hüte~~	wie	Kampf	oft	Krampf	bitten	fegen
wissen	stoßen	riss	Krieg	Haut	Vase	Wege
rissen	fragen	Fluss	Stunde	Krieg	sicher	heute
Haut	tragen	fragen	Hütte	~~Hüte~~	Kampf	Krampf
krank	schlank	Mitte	bitten	hören	stören	Buch
Nase	Gummi	such	Wege	Kegel	rissen	Strand
Wand	Stunde	Buch	such	krank	nie	schlank
Hand	Strand	Wand	Sorge	borgen	legen	zahlen
hören	stören	Nase	tropft	Gummi	Torte	Tafel
einen	Sieb	Naht	Wahlen	borgen	Sorge	sicher
heute	Hand	legen	fegen	wissen	stoßen	riss
zahlen	Fluss	Kamel	Kugel	Kamel	Kugel	Tiger

Augengymnastik

72 Kannst du den Text lesen, ohne das Buch zu drehen?

73 Welchen Weg muss der Hund laufen, um zu seinem Herrn zu kommen? Zeichne ihn ein.

Das Gelesene verstehen

Wichtiger 3-Minuten-Lesetest

74 Schaffst du ihn in der vorgegebenen Zeit?
Der Test gibt dir darüber Auskunft, wie aufmerksam du liest. Arbeite möglichst schnell,
denn du hast nur 3 Minuten Zeit dafür. Führe jetzt diesen Lesetest durch.
Sei konzentriert und aufmerksam!

Achtung + Test + Achtung + Test + Achtung + Test + Achtung + Test + Achtung + Test + Achtung + Test + Achtung + Test + Achtung

Das ist ein zeitlich begrenzter Test. Arbeite daher so konzentriert wie möglich.

Der 3-Minuten-Test

_____

1. Lies zunächst alle Anweisungen durch, bevor du sie befolgst.
2. Schreibe schnell deinen Vor- und Familiennamen auf die Zeile oben.
3. Kreise im vorigen Satz das Wort „schnell" ein.
4. Zeichne 4 kleine Vierecke nebeneinander in die rechte obere Ecke des Blattes.
5. Zeichne ein „X" in jedes dieser Vierecke.
6. Unterschreibe das Blatt mit deinem Namen rechts unten.
7. Kreise jede auf diesem Blatt erkennbare Zahl ein.
8. Gib den Titel des Buches an, das du zuletzt gelesen hast:

_____

9. Rechne aus, wie viele Jahre du schon lesen kannst: _____

10. Kreuze an, wie gut du bei schriftlichen Tests die Aufgabenstellung verstehst.

☐ Manchmal weiß ich nicht, was von mir verlangt wird.

☐ Oft ist mir nicht klar, was ich eigentlich tun soll.

☐ Ich habe keine Probleme und kenne mich immer aus.

11. Gib dein Geburtsdatum hier an: _____

12. Bilde die Quersumme aus deinem Geburtsdatum und schreibe sie in Worten hierher:

_____

13. Und nun, nachdem du alle Anweisungen sorgfältig durchgelesen hast,
    lies nochmals die Anweisung 1 durch und überlege, ob dir der Test gut gelungen ist.
    Dann lege dein Schreibzeug weg, fülle nichts aus.

Achtung + Test + Achtung + Test + Achtung + Test + Achtung + Test + Achtung + Test + Achtung + Test + Achtung + Test + Achtung

Beim Lesen mitdenken

75 Die Wörter im Wortkasten gehören in die Leerstellen des Textes.
Kannst du alle an die richtige Stelle bringen?

> • *Wasser* • *Igelkiste* • *ungeheizten* • *Heu*
> • *Winterschlaf* • *Menschen* • *Abdeckung*
> • *warmen* • *größer* • *Jahr* • *erneuert*
> • *erkältet* • *Zecken* • *Winter* • *gefüttert*
> • *Wohnraum* • *abspülen* • *entkommen*
> • *Igel* • *Gewicht* • *soll* • *Verantwortung*
> • *Schüsselchen* • *bis*

Eine Igelkiste bauen   Wolfgang Pramper

Eine Igelmutter bekommt pro _____ ein- bis zweimal Junge. Im Spätherbst erreichen junge

_____ oft nicht mehr rechtzeitig das nötige _____ von 800 Gramm. Solche Tiere über-

stehen den _____ nicht, sie verhungern oder erfrieren. Mit einer _____ kann

man den kleinen Igeln helfen, allerdings bedeutet es, _____ zu übernehmen. Der

5 Igel muss _____ und gepflegt werden. Igel sind immer voller _____ und Flöhe,

die allerdings für uns _____ ungefährlich sind. Man sollte den Igel in 35 Grad warmem

_____ mit ein paar Tropfen Spezialshampoo für Hunde baden, danach gut _____

und in einen _____ und trockenen Raum bringen, damit er sich nicht _____.

Für die menschliche Nase stinken Igel, es ist daher nicht möglich, sie in einem _____

10 unterzubringen. Die Igelkiste _____ mit Zeitungspapier ausgelegt werden, das regelmäßig

_____ wird. Zwei standfeste _____ für Futter und Wasser braucht

der Igel auch. Die Kiste braucht nicht viel _____ als 40 x 40 cm zu sein. Wichtig ist, dass

das Tier nicht über die Wände _____ kann, daher brauchen sie eine Höhe von zirka

20 _____ 25 cm. Über dem Igelhäuschen muss eine _____ sein, damit der Igel

15 nicht herausklettern kann. Hat er ordentlich zugenommen, so wird er im November mit seinem

_____ beginnen. Dafür braucht er zusammengeknülltes Zeitungspapier oder

_____. Damit wird er sein kleines Häuschen von innen verstopfen. Dann sollte die Igelkiste

in einen _____ Kellerraum gestellt werden.

Leseslalom – die Reihenfolge festlegen

76 In welcher **Reihenfolge** ergeben die Absätze einen Sinn?
Kannst du die ganze Seite nach einer Vorbereitungszeit, ohne zu stocken, lesen?
Nicht schwindeln und nummerieren!
Nach einer Vorbereitung lies laut.

„Na, wie wär's, gnädige Frau, wollen Sie nicht kaufen?"

Auf dem Marktplatz bietet jemand Klobürsten an.

„Klobürsten, in allen Größen und Farben, heute besonders billig!"

„Nein danke, wir haben uns schon so an das Papier gewöhnt."

Als er zurückkommt, empfängt ihn der Diener wie immer:

Eines Tages fährt der Graf in die Stadt.

Das Hörgerät

In einem alten Schloss wohnt der schwerhörige Graf mit seinem Diener Archibald.

„Nein, Archibald, in der Stadt gewesen und Hörgerät gekauft!"

„Na, alter Knacker, wohl wieder im Wirtshaus gewesen und Bier gesoffen?"

Zwei Brüder gerieten eines Tages in Streit. Sagt der eine zum anderen:

„Und du bist ein größerer Affe!" Darauf der eine wieder:

„Du bist ein noch viel größerer Affe!" Jetzt wird dem Vater die Streiterei zu bunt und er sagt:

„Du bist ein Affe!" Darauf der andere:

„Na, ihr habt anscheinend vergessen, dass ich auch noch im Zimmer bin!"

Tipps für das bessere Verstehen

๏ Versuche, **unbekannte Wörter** aus dem Zusammenhang zu verstehen.

๏ Lies immer **aktiv!** Das heißt, denke immer gut mit und stelle dir das Gelesene in **Bildern** vor, wenn das möglich ist.

๏ Beim **leisen Lesen** kann man **schnell** lesen! Wähle das Tempo so, dass du den Inhalt gut verstehst. Manches wird man schneller lesen können, zum Beispiel Romane und Geschichten, manches langsamer, zum Beispiel Sachtexte und Gedichte.

Das Gelesene verstehen

77 Was gehört zusammen?

aggressiv sein = ☐ **A** angriffslustig sein **B** sich wehren

akzeptieren = ☐ **A** zurückgeben **B** annehmen

ausrangieren = ☐ **A** ausscheiden **B** austeilen

arrogant sein = ☐ **A** hochmütig sein **B** reich sein

aktuell = ☐ **A** pünktlich **B** zeitgemäß

78 Menschliche oder tierische Eigenschaften? Gib ein **M** an für **menschliche** Dinge, Eigenschaften oder Tätigkeiten oder ein **T,** wenn sich das Wort mehr auf den **tierischen** Bereich bezieht.

☐ Ehrgeiz	☐ Brunft	☐ Herde	☐ Diskussion
☐ Worte	☐ Laute	☐ Heiterkeit	☐ Gedenken
☐ Instinkt	☐ Kunst	☐ Schnauben	☐ Forschung
☐ Winterschlaf	☐ Begeisterung	☐ Beherrschen	☐ Operation
☐ Beute	☐ Technik	☐ Revier	☐ Staupe

79 Gegenwärtiges oder Vergangenes? Kennzeichne mit **G,** wenn sich das Wort mehr auf **Gegenwärtiges** bezieht, und mit **V,** wenn es sich eher auf **Vergangenes** bezieht.

☐ nunmehr	☐ heute	☐ Erinnerung	☐ Ursache
☐ Pranger	☐ Andenken	☐ Rückschau	☐ Fuhrwerk
☐ vorbei	☐ momentan	☐ Reue	☐ Stadtplanung
☐ jetzt	☐ gestern	☐ augenblicklich	☐ Pyramiden
☐ Turnier	☐ Flugzeug	☐ nun	☐ eben

80 Rätseltext: Welche Wegbeschreibung ist falsch? Welche ist richtig?
Bei welcher stehen die Chancen 50:50, dass man falsch geht?

richtig   falsch   50:50

A Du gehst durch die Unterführung. Dann siehst du links drei Linden, an denen gehst du vorbei, geh gerade vor, links ist die Polizei, geh bis zur Straßenkreuzung mit der Ampel. Dort biegst du im rechten Winkel ab. Du musst zirka 100 Meter gerade vorgehen. Beim Kreisverkehr befindet sich ein Postkasten, dort biegst du rechts ab. Wenn du dort weitergehst, befindet sich an der rechten Straßenecke das Kino.

B Gehe vom Standort durch die Unterführung und danach rechts bis zur Karlskirche! Dort biegst du von der Mozartstraße in die Querstraße ein und gehst bis zur ersten Kreuzung. Hier musst du die Fußgängerunterführung benutzen. Auf der anderen Straßenseite gehst du vor bis zum Goethedenkmal. Die Figur schaut gerade zu dir her. Geh dann so, dass du hinter Goethes Rücken kommst. Dort ist eine kleine Gasse, an ihrem Ende befindet sich rechts das Kino. Du kannst es nicht verfehlen.

C Gleich nach der Unterführung gehst du an den großen Bäumen vorbei und weiter bis zum Antoniusspital. Geh immer geradeaus, bis dir aus der entgegengesetzten Richtung die Straßenbahn der Zweier-Linie entgegenkommt. An der Ecke befindet sich auch das Eisenbahnmuseum. Dort biege ein, und nach 200 Metern stößt du auf das Kino.

Schau genau!

81 Welche Teile passen in
die freien Stellen im Brett?

Zu 1:

Zu 2:

Zu 3:

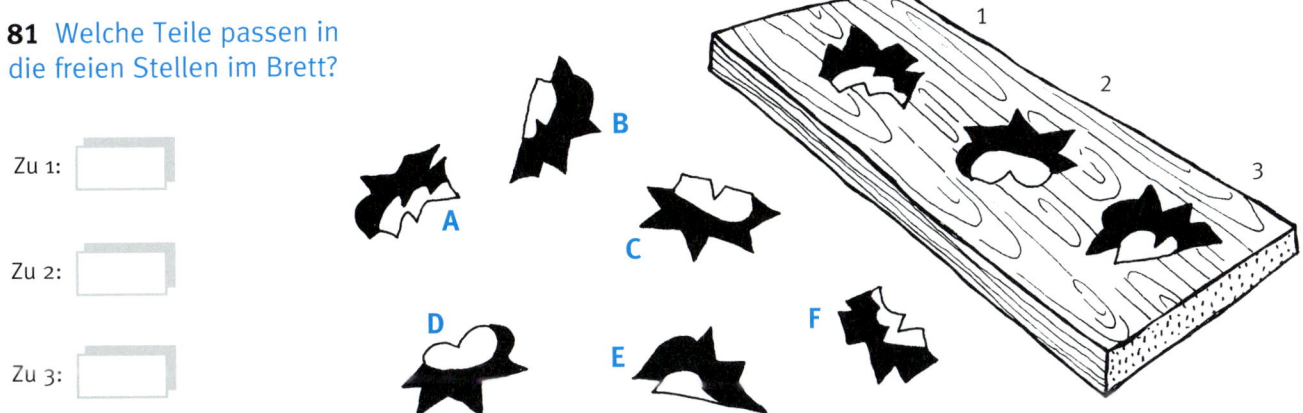

Unvollständige Texte lesen

82 Hier ist einiges verloren gegangen. Und zwar meistens jedes fünfte Wort.
Kannst du viele der fehlenden Wörter ergänzen?

Über Frieden   Astrid Lindgren

Ich war jung zu jener Zeit, als fast alle Kinder oft geschlagen wurden. Man hielt es für nötig, sie zu schlagen, denn sie sollten artig und gehorsam werden. Alle Mütter und Väter sollten ihre Kinder schlagen, sobald sie etwas getan hatten, von dem Mütter und Väter meinten, dass Kinder es nicht tun sollten. Mein kleiner Junge, Johan, war ein artiger und fröhlicher kleiner Kerl, und ich
5 wollte ihn nicht schlagen. Aber eines Tages kam die Nachbarin zu mir herein und sagte, Johan sei in ihrem Erdbeerbeet gewesen und habe Erdbeeren geklaut und bekäme er jetzt nicht Schläge, würde er wohl ein Dieb bleiben, sein Leben lang.

Mit Müttern ist es _____ einmal so, dass ihnen _____ und bange wird, wenn _____

kommt und sich über _____ Kinder beschwert. Und ich _____: Vielleicht hat sie Recht,

10 _____ muss ich Johan wohl _____ Tracht Prügel verpassen. Johan _____ da und

spielte mit _____ Bausteinen – er war ja _____ erst fünf Jahre alt, _____ ich kam

und sagte, _____ er nun Prügel bekäme _____ dass er selbst hinausgehen _____,

um eine Rute abzuschneiden. _____ weinte, als er ging. _____ saß in der Küche

_____ wartete. Es dauerte lange, _____ er kam, und er _____ noch immer, als er

15 _____ Tür hereinschlich. Aber eine Rute _____ er nicht bei sich. „_____", sagte er

schluchzend, „ich _____ keine Rute finden, aber hier _____ du einen Stein, den

_____ auf mich werfen kannst!" _____ reichte mir einen Stein, _____ größten, der

in seiner _____ Hand Platz fand. Da _____ auch ich zu weinen, _____ ich verstand

auf einmal, _____ er sich gedacht hatte: _____ Mama will mir also _____ tun, und

20 das kann _____ noch besser mit einem _____. Ich schämte mich. Und _____ nahm

ihn in die _____; wir weinten beide, soviel _____ konnten, und ich dachte bei mir, dass

ich _____ mein Kind schlagen würde. _____ damit ich es ja _____ vergessen soll-

te, nahm ich _____ Stein und legte ihn _____ ein Küchenregal, wo ich _____ jeden

Tag sehen konnte, _____ da lag er so _____, bis Johan groß war. Ein _____ wurde

25 nicht aus ihm. _____ hätte ich gern meiner _____ erzählt, aber sie war schon lange fort-

gezogen.   (Die Bewertung findest du im Lösungsheft.)

Leseslalom – die Reihenfolge festlegen

83 Hier ist einiges durcheinandergeraten. In welcher **Reihenfolge** müssen die Texte gelesen werden? Kannst du die ganze Seite nach einer Vorbereitungszeit lesen, ohne dabei zu stocken?

Während der Direktor	erhält er von seinem Assistenten
einen Brief, in dem	eines Tierparks auf Urlaub ist,
dieser schreibt: „Der neue Gorilla	Er sitzt immer still
in einer Ecke und verweigert	will sich nicht recht eingewöhnen.
jede Nahrungsaufnahme.	einen Partner braucht.
Ich hoffe daher,	Ich glaube, dass er unbedingt
dass Sie bald zurückkehren.	nichts unternehmen!
Ihr Fridolin Neuhuber"	Und ich werde bis dahin

„Wo kann man sich	den Hoteldirektor.
„Wie überall: im Gesicht!",	in diesem Dorf rasieren lassen?",
fragt ein Durchreisender	antwortet der.

„Ich wünsche, morgen um 8 Uhr	und zwar mit einem Kuss!",
geweckt zu werden,	sagt der Hotelgast
zum hübschen Zimmermädchen.	„Sehr gerne", antwortet diese,
dem Hoteldiener ausrichten!"	„ich werde es

Schau genau!

84 Wo sind die **5 Unterschiede?**

Das Gelesene verstehen

85 Ein Wort ist immer vorgegeben.
Welches der anderen Wörter **passt dazu** oder **passt nicht** zu den anderen Wörtern? Markiere es.

Feuer
Sprungbrett, Streichholz, Schlauch, Strand, Essen

Haustier
Kuh, Huhn, Pferd, Fuchs, Ochs

Abschied
Boden, Vereinbarung, Bleistift, Besuch, Alltag

verhaften
wiederholen, üben, versprechen, festnehmen, verlangen

Schüler
Katze, Sicherheit, Zeugnis, Abschied, Maschine,

Garantie
Lesegewohnheit, Geburt, Verkauf, Geburtstag, Süßigkeit,

Tunnel
Verkauf, Aufsicht, Dunkelheit, Angestellte, Schaufel

grün
Brunnen, Besprechung, Tannennadel, Wespe, Aufenthalt

Rucksack
Wetter, Riemen, Raubkatze, Rahmen, Konferenz

Pferd
Stute, Hengst, Rappe, Schimmel, Zebra

Besteck
Serviette, Gabel, Teller, Topf, Kanne

Rolltreppe
vorne, seitwärts, hinten, unten, aufwärts

Gemälde
Installateur, Ingenieur, Komposition, Institution, Versteigerung

Straße
Parlament, Lavendel, Asphalt, Chemie, Demonstration

Papier
Zeugnis, Ansicht, Vitamine, Überprüfung, Bestätigung

Behauptung
Bedarf, Erwartung, Sicherheitsgurt, Pestizide, Meinung

Werkzeug
Schlagbohrmaschine, Hammer, Säge, Schraubenzieher, Armband

Umweltschutz
Motorrad, Lastwagen, Auto, Fahrrad, Moped

Musikinstrument
Pfeife, Klavier, Gitarre, Geige, Harfe

Pflanze
Paprika, Erbsen, Ei, Karotte, Apfel, Mais

Alkohol
Sonne, Gipfel, Krankheit, Bild, Boden

Farben
Grün, Rosa, rauh, Blau, Violett

Zahlen
drei, vier, neun, sieben, mehr

Möbel
Stuhl, Schemel, Sofa, Bank, Klavier

„Scheußlich", brummte Inspektor Bohn und sah auf die Frau hinunter, die auf dem harten Beton-boden lag. Ihr Kleid war über und über mit grüner Farbe beschmiert, auf dem Kopf hatte sich eine

5 dunkelrote Blutkruste gebildet.

„Sie ist aus dem fünften Stockwerk gestürzt", klär-te ihn ein Polizeibeamter auf. „Vermutlich war sie dabei, das Balkongitter zu streichen."

Bohn begab sich hinauf zum Balkon. Ein hohes

10 Geländer schützte vor dem Sturz in die Tiefe. Zu hoch für einen Unfall, wie er glaubte. Er wandte sich wieder an den Beamten, der neben ihm stand:

„Hat man die Angehörigen benachrichtigt?"

„Noch nicht. – Ab und zu wurde sie von ihrer Stief-

15 tochter besucht. Sonst kümmerte sich niemand um sie."

Bohn fuhr zu der Stieftochter, die in einem alten, schäbigen Haus in der Innenstadt wohnte. Als er läutete, öffnete ihm ein dürftig gekleidetes Mädchen mit Lockenwicklern im Haar.

„Fräulein Lemmer?", fragte er.

20 Sie nickte.

„Es ist wegen Ihrer Stiefmutter, Fräulein Lemmer …"

„Was ist mit dem alten Drachen?", kam laut die Antwort. „Sind Sie von der Polente?"

Bohn bejahte es, dann sagte er:

„Beim Anstreichen des Balkongeländers ist Ihre Stiefmutter über das Geländer nach unten ge-

25 stürzt. Sie war sofort tot."

„Kommen Sie rein", brummte das Mädchen. „Hier draußen zieht's!"

Bohn sah sich in der spärlich eingerichteten Wohnung um. „Haben Sie sie oft besucht?", fragte er.

„Nur wenn ich Geld brauchte. Sie hat fast das gesamte Vermögen meines Vaters geerbt. Im

30 Testament wurde ihr auferlegt, sich um mich zu kümmern." Das Mädchen setzte sich auf einen Stuhl.

„Vom Balkon gefallen, sagen Sie?", murmelte sie nachdenklich. „Ich kann mir gar nicht vorstel-len, dass meine Stiefmutter selbst das Geländer angepinselt haben soll. Und dann noch grün! Sie hasste diese Farbe. – Vielleicht hat dieser Kottisch ihr empfohlen, das Geländer neu zu streichen.

35 Als mein Vater gestorben war, bändelte sie mit ihm an …"

Bohn fuhr wieder zurück. Die Menge der Gaffer hatte sich inzwischen zerstreut. Ein paar Repor-ter lungerten noch herum, und zwei Polizeibeamte streuten gerade Sägemehl über die blutige Spur auf dem Bürgersteig. Bohn fuhr mit dem Lift in die 5. Etage hinauf. Kottisch wohnte eine Tür weiter als die verstorbene Frau.

40 Er war um die vierzig. Um den Hals hatte er sich einen langen Schal gewickelt. Sein Gesicht wirkte spitz und eingefallen.

„Polizei?", fragte er. Als Bohn nickte, gab er die Tür frei. Er führte den Inspektor in ein kleines Wohnzimmer, sank in einen Sessel, schüttelte fassungslos den Kopf.

„Sie ist tot", flüsterte er, „und heute Morgen klingelte sie noch an meiner Tür und rief nach mir.

45 Doch ich war einfach zu schwach, um aus dem Bett zu klettern. Außerdem wollte ich die Beziehung zu ihr abbrechen."

„Warum wollten Sie die Beziehung zu ihr abbrechen?"

„Sie wurde mir einfach lästig. Ich hatte genug von ihr und ihrem ständigen Herumnörgeln."

Bohn sah sein Gegenüber nachdenklich an.

50 „Wie lange kannten Sie sie?"

„Nachdem ihr Mann gestorben war, besuchte ich sie einige Male. Später lud sie mich öfters zum Essen ein. Einmal lernte ich auch ihre Stieftochter kennen. Hübsches Mädchen, aber sehr vorlaut. Als sie merkte, dass ich etwas mit ihrer Stiefmutter hatte, ließ sie sich nicht mehr sehen. Ich glaube, das Mädchen hat seine Stiefmutter gehasst …"

55 Als Inspektor Bohn wieder vor Kottischs Tür stand, starrte er nachdenklich auf ein paar grüne Farbspritzer, die sich auf der Fußmatte befanden. Danach ging er noch einmal in die Wohnung der Frau hinüber, wo er genau die Stelle am Balkon untersuchte, über die sie gefallen war. Die Farbe des Geländers war fast trocken, und auf einmal fiel es ihm wie Schuppen von den Augen. Die Frau war ermordet worden! Der heimtückische Mörder hatte sich durch einen kleinen Fehler

60 verraten.

Wieso weiß Inspektor Bohn, dass es Mord war?
Wer ist der Mörder? Hast du's erraten?

Schau genau!

87 In diesem Fall konnte der Täter fotografiert werden, leider nur gegen die Sonne.
Die Person ist daher nur schwer erkennbar.
Am nächsten Tag vergleicht der Kommissar das Foto mit mehreren Verdächtigen.
Wer ist der Täter?   Nummer: ☐

1   2   3   4   5

Leichter lesen mit dem „Flattersatz"

88 Lies die lustige Geschichte möglichst schnell, aber so genau, dass du anschließend Fragen beantworten kannst. Stelle auch fest, wie lange du brauchst (stoppe die Zeit), und versuche, dich beim nächsten Mal zu verbessern.

Der Bär auf dem Försterball   Peter Hacks

Der Bär
schwankte durch den Wald,
es war übrigens Winter;
er ging zum Maskenfest.
5   Er war bester Laune.
Er hatte
schon ein paar Kübel
Bärenschnaps getrunken;
den mischt man
10   aus Honig,
Wodka und vielen
schwierigen Gewürzen.
Des Bären Maske
war sehr komisch.
15   Er trug
einen grünen Rock,
fabelhafte Stiefel
und eine Flinte
auf der Schulter;
20   ihr merkt schon,
er ging als Förster.

Da kam ihm,
quer über den Schnee,
einer entgegen:
25   auch im grünen Rock,

auch mit fabelhaften Stiefeln
und auch
die Flinte geschultert.
Ihr merkt schon,
30   das war der Förster.
Der Förster sagte
mit einer tiefen Bassstimme:
„Gute Nacht,
Herr Kollege,
35   auch zum Försterball?"
„Brumm",
sagte der Bär,
und sein Bass
war so tief
40   wie die Schlucht am Weg,
in die
die Omnibusse fallen.
„Um Vergebung",
sagte der Förster erschrocken,
45   „ich wusste ja nicht,
dass Sie der Oberförster sind."
„Macht nichts",
sagte der Bär leutselig.
Er fasste den Förster
50   unter den Arm,
um sich
an ihm festzuhalten,
und so
schwankten sie beide
55   in den „Krug
zum zwölften Ende",
wo der Försterball stattfand.
Die Förster
waren alle versammelt.
60   Manche Förster

hatten Geweihe,
die sie vorzeigten,
und manche Hörner,
auf denen sie bliesen.
65 Sie hatten alle
lange Bärte
und geschwungene Schnurrbärte,
aber die meisten Haare
im Gesicht
70 hatte der Bär.
„Juhu!", riefen die Förster
und hieben dem Bären
kräftig auf den Rücken.
„Stimmung",
75 erwiderte der Bär
und hieb
den Förstern
auf den Rücken,
und es war
80 wie ein ganzer Steinschlag.
„Um Vergebung",
sagten die Förster
erschrocken,
„wir wussten ja nicht,
85 *dass Sie der Oberförster sind."*
„Weitermachen",
sagte der Bär.
Und sie tanzten
und tranken und lachten;
90 sie sangen,
sie hätten so viel Dorst
im grünen Forst.
Ich weiß nicht,
ob ihr es schon erlebt habt,
95 in welchen Zustand
man gerät,
wenn man so viel
tanzt und trinkt,
lacht und singt.
100 Die Förster
gerieten in Tatendrang
und der Bär mit ihnen.

Der Bär sagte:
„Wir wollen jetzt
105 **ausgehen,**
den Bär schießen."
Da streiften sich
die Förster
ihre Pelzhandschuhe über,
110 schnallten sich
ihre Lederriemen
fest um den Bauch;
so strömten sie
in die klare Nacht.
115 Sie stapften
durchs Gehölz.
Sie schossen
mit ihren Flinten
in die Luft.

120 Sie riefen: *„Hussa!"*
und *„Hallihallo!"*,
wovon das eine
so viel bedeutet
wie das andere,
125 nämlich gar nichts,
aber so ist Jägerleben.
Der Bär
riss im Vorübergehen
eine Hand voll
130 trockener Hagebutten
vom Strauch

und fraß sie.
Die Förster riefen:
„Seht den Oberförster,
135 *den Schelm",*
und fraßen auch Hagebutten
und wollten
sich ausschütten
vor Lachen.
140 Nach einer Weile jedoch
merkten sie,
dass sie den Bär
nicht fanden.
„Warum
145 **finden wir ihn nicht?",**
sagte der Bär.
„Er sitzt
in seinem Loch,
ihr Schafsköpfe."
150 Er ging zum Bärenloch,
die Förster hinterdrein.
Er zog den Hausschlüssel
aus dem Fell,
schloss den Deckel auf
155 und stieg hinunter,
die Förster hinterdrein.
„Der Bär ist ausgegangen",
sagte der Bär
schnüffelnd,
160 **„aber es kann noch nicht**
lange her sein,
es riecht stark
nach ihm."
Dann torkelte
165 er zurück
in den „Krug
zum zwölften Ende"
und die Förster
hinterdrein.
170 Sie tranken gewaltig
nach der Anstrengung,
aber die Menge,
die der Bär trank,

war wie ein Schmelzwasser,
175 das die Brücken fortreißt.

„Um Vergebung",
sagten die Förster
erschrocken,
„Sie sind
180 *ein großartiger Oberförster."*
Der Bär sagte:
„Der Bär steckt nicht
im Wald,
und der Bär
185 **steckt nicht**
in seinem Loch;
es bleibt nur eins,
er steckt unter uns
und hat sich
190 **als Förster verkleidet."**
„Das muss es sein",
riefen die Förster,
und sie blickten
einander misstrauisch
195 und scheel an.
Es war aber
ein ganz junger
Förster dabei,
der einen verhältnismäßig
200 kleinen Bart hatte
und nur wenige Geweihe
und überhaupt
der Schwächste
und Schüchternste war

205 von allen.
So beschlossen sie,
dieser sei der Bär.
Sie krochen mühsam
auf die Bänke,
210 stützten ihre Bärte
auf die Tische
und langten mit den Händen
an der Wand empor.
„WAS SUCHT IHR DENN?",
215 rief der junge Förster.
„Unsere Flinten",
sagten sie,
„sie hängen leider
an den Haken."
220 „WOZU DIE FLINTEN?",
rief der junge Förster.
„Wir wollen dich
doch erschießen",
antworteten sie,
225 „du bist doch der Bär."
**„Ihr versteht
überhaupt nichts von Bären",**
sagte der Bär.
„Man muss untersuchen,
230 **ob er einen Schwanz hat
und Krallen an den Tatzen."**
„Die hat er nicht",

sagten die Förster,
„aber, potz Wetter!,
235 *Sie selbst
haben einen Schwanz
und Krallen an den Tatzen,
Herr Oberförster."*
Die Frau des Bären
240 kam zur Tür herein
und war zornig.
**„Pfui Teufel!", rief sie,
„in was für Gesellschaft
du dich herumtreibst."**

245 Sie biss den Bären
in den Nacken,
damit er nüchtern würde,
und ging mit ihm weg.
„Schade,
250 **dass du so früh
gekommen bist",**
sagte der Bär
im Wald zu ihr,
„eben
255 **hatten wir ihn gefunden,
den Bären.
Na, macht nichts.
Ein andermal
ist auch ein Tag."**

Fragen zum Text beantworten

89 Nur **eine** der vier Antworten ist jeweils richtig, antworte, ohne nachzulesen.

1. Wie lautet die Überschrift?
   - A Der Bär auf dem Maskenfest
   - B Der Bär auf dem Silvesterfest
   - C Der Bär auf dem Försterball
   - D Der Bär auf dem Faschingsfest

2. Wo trafen sich die Förster?
   - A Fass zum zwölften Ende
   - B Gasthaus zum Zwölfender
   - C Krug zum Zwölfender
   - D Krug zum zwölften Ende

3. Wohin biss die Frau des Bären?
   - A in den Fuß des Försters
   - B in das Fell des Bären
   - C in den Nacken des Bären
   - D in die Tatze des Bären

4. Was war der junge Förster?
   - A der Schwächste
   - B der Kleinste
   - C der Dickste
   - D der Schmächtigste

5. Wo wohnte der Bär?
   - A in der Bärenhöhle
   - B im Bärenwald
   - C im Bärenloch
   - D im Bärenhaus

6. Warum wurde der Bär von seiner Frau gebissen?
   - A weil er widerspenstig war
   - B damit er ihr folge
   - C damit er nüchtern würde
   - D damit er seine Maske ablege

7. Die Menge, die der Bär trank,
   - A war wie ein Fass
   - B war wie Schmelzwasser
   - C war wie ein Bach
   - D war wie ein See

8. Der Bär fraß
   - A Hagebutten
   - B Himbeeren
   - C Ahornzweige
   - D Schwarzbeeren

9. Was nahmen die Förster auf der Suche nach dem Bären mit?
   - A Flinten
   - B Schnüre
   - C Handschellen
   - D eine Bärenfalle

10. Für wen hielten die Förster den Bären?
   - A für den Revierinspektor
   - B für den Oberförster
   - C für den Hauptförster
   - D für den ältesten Förster

11. Wovon sangen die Förster?
   - A Vom Wandern im grünen Wald
   - B Vom Dorst im grünen Forst
   - C Vom Durst im grünen Furst
   - D Vom Durst im grünen Wald

12. In welcher Jahreszeit spielt die Geschichte?
   - A im Frühjahr
   - B im Winter
   - C im Sommer
   - D im Herbst

13. Was hatte der Bär getrunken, bevor er die Förster traf?
    A Wacholderschnaps
    B Birnenschnaps
    C Zwetschenschnaps
    D Bärenschnaps

14. Warum erkannten die Förster den Bären nicht sofort?
    A weil er maskiert war
    B weil sie ihre Brillen vergessen hatten
    C weil sie keine Bären kennen
    D weil sie guter Laune waren

15. Was hatte der Bär bei sich?
    A einen Ausweis
    B eine Flinte
    C einen Schnaps
    D ein Geweih

16. Wie war die Stimmung des Bären?
    A ärgerlich
    B launenhaft
    C bester Laune
    D sentimental

17. Wann ereignete sich die Geschichte?
    A im Mittelalter
    B 1968
    C 1815
    D unbestimmte Zeit

18. Wem ging es am Ende der Geschichte an den Kragen?
    A dem Bären
    B dem jüngsten Förster
    C dem kleinsten Förster
    D der Bärin

19. Wie kann man das Verhalten des Bären bezeichnen?
    A raffiniert
    B nachtragend
    C schelmenhaft
    D ehrgeizig

20. Was hatten alle Förster?
    A geschwungene Schnurrbärte
    B Taschenmesser
    C einen Ehering
    D eine Bassstimme

Augengymnastik

90 Welche Ziffer gehört zu welchem Buchstaben?

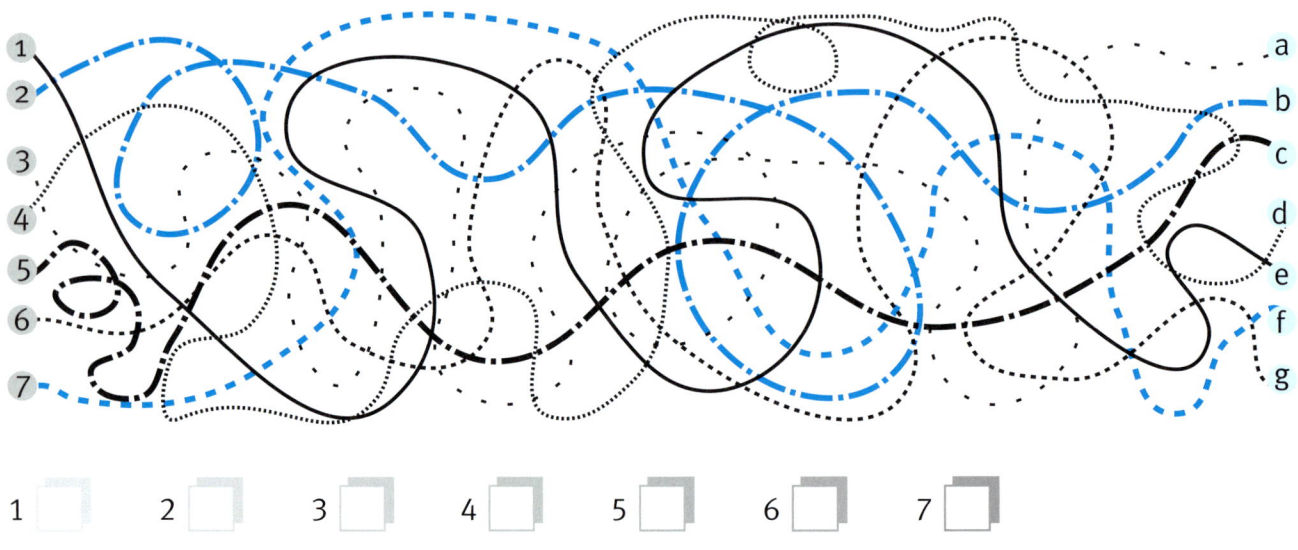

1 ☐   2 ☐   3 ☐   4 ☐   5 ☐   6 ☐   7 ☐

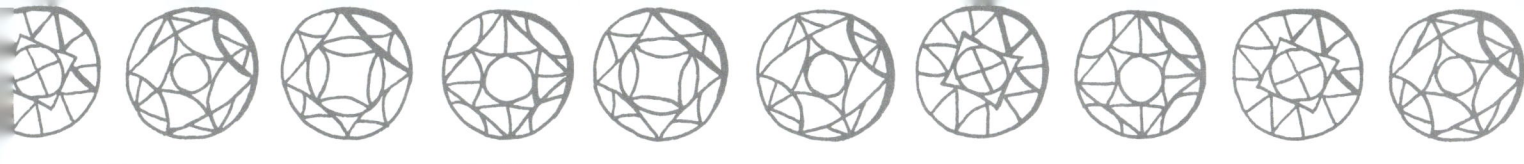

Gut vorlesen können –
der Stimme einen besonderen Klang geben

Tipps für das gute Vorlesen

- ⊚ Denke beim Vorlesen immer mit und versuche, die Geschichte **„erzählend"** zu lesen!

- ⊚ Wechsle beim Vorlesen das **Tempo,** lies manchmal schneller, manchmal langsamer. Spannendes zum Beispiel lies langsam.

- ⊚ Mache absichtlich **kleine Pausen** (⋮) – währenddessen überfliegst du den folgenden Sinnschritt – und große Pausen vor jedem neuen Satz (⊖).

- ⊚ Du darfst ein klein wenig **vom Text abweichen,** das stört nicht. Er wird dann sozusagen *deine* Geschichte.

Die Vorlesetipps anwenden

91 Wende die Tipps für das gute Vorlesen an diesem Märchentext an. Achte vor allem auf die Pausen.

Rotkäppchen   Brüder Grimm

Es war einmal ein kleines, süßes Mädchen, ⋮
das hatte jedermann lieb, ⋮
der es nur ansah. ⊖

Am allerliebsten aber hatte es seine Großmutter, ⋮
5   die wusste gar nicht, ⋮
was sie alles dem Kinde geben sollte. ⊖

Einmal schenkte sie ihm ein Käppchen von rotem Samt, ⋮
und weil ihm das so wohl stand ⋮
und es nichts anderes mehr tragen wollte, ⋮
10   hieß es nur das Rotkäppchen. ⊖

Eines Tages sprach seine Mutter zu ihm: ⋮
„Komm, Rotkäppchen, ⋮
da hast du ein Stück Kuchen und eine Flasche Wein, ⋮
bring das der Großmutter hinaus; ⋮
15   sie ist krank und schwach und wird sich daran laben. ⋮
Mach dich auf, ⋮ bevor es heiß wird, ⋮
und wenn du hinauskommst, ⋮
so geh hübsch sittsam und lauf nicht vom Weg ab, ⋮

sonst fällst du und zerbrichst das Glas,
20 und die Großmutter hat nichts.
Und wenn du in ihre Stube kommst,
so vergiss nicht, ‚Guten Morgen' zu sagen,
und guck nicht erst in allen Ecken herum."

„Ich will schon alles recht machen",
25 sagte Rotkäppchen zur Mutter
und gab ihr die Hand darauf.

Die Großmutter aber wohnte draußen im Wald,
eine halbe Stunde vom Dorf.

Wie nun das Rotkäppchen in den Wald kam,
30 begegnete ihm der Wolf.
Rotkäppchen aber wusste nicht,
was das für ein böses Tier war, und fürchtete sich nicht vor ihm.

„Guten Tag, Rotkäppchen", sprach er.
„Schönen Dank, Wolf."
35 „Wo hinaus so früh, Rotkäppchen?"
„Zur Großmutter."
„Was trägst du unter der Schürze?"
„Kuchen und Wein, gestern haben wir gebacken,
da soll sich die kranke Großmutter was Gutes tun
40 und sich damit stärken."
„Rotkäppchen, wo wohnt denn deine Großmutter?"
„Noch ein gutes Stück weiter im Wald,
unter den drei großen Eichbäumen,
da steht ihr Haus."

45 Der Wolf dachte bei sich:
„Das junge, zarte Ding, das ist ein fetter Bissen,
der wird noch besser schmecken als die Alte;
du musst es listig anstellen,
damit du beide schnappst."

Weiter geht es im Buch „Kinder- und Hausmärchen" der Brüder Grimm.
Vielleicht möchtest du das Märchen zu Ende lesen? Dann besorge dir das Buch.

Regelmäßig das Lesen trainieren

Tipps für Leseübungen

Wer das Lesen regelmäßig trainiert, kann rascher und leichter lesen.

- Für den regelmäßigen Leser ist das Lesen **nicht anstrengend,**
- er hat **Freude** an Büchern.
- Wer regelmäßig liest, kann **sich gut ausdrücken,**
- er wird sicherer im **Rechtschreiben,**
- er kann **gut** und **fantasievoll** mit der Sprache umgehen,
- er kann sich bestens längere Zeit **konzentrieren,**
- er erfährt viel **Wissenswertes** und
- er kann eine **Menge Spaß und Spannung** genießen.

Daher nimm dir vor: **Ich will ein guter Leser werden!**

92 Am besten fängst du gleich bei diesem Kapitel damit an, regelmäßig das Lesen zu trainieren. Zunächst geht es um Wissenswertes:

Interessante Rekorde aus dem „Lexikon der Superlative"

Hättest du das gedacht?

Das längste Wort des deutschen Sprachraumes, das amtlich registriert wurde, soll der Name eines im Jahre 1928 in Wien gegründeten Klubs sein, der lautet: Donaudampfschifffahrtselektrizitätshauptbetriebswerkbauunterbeamtengesellschaft. Es sind genau 79 Buchstaben, eine von den Mitgliedern gebrauchte Abkürzung ist nicht bekannt.

Die größte Bibliothek Amerikas ist die am 24. April 1800 gegründete Kongressbibliothek der USA in Washington. Schon im Jahre 1969 verzeichnete sie 14.846.000 Bücher und Broschüren. Die beiden Gebäude der Kongressbibliothek bedecken eine Fläche von 2,4 Hektar und enthalten 526 Kilometer Bücherregale.

Das kleinste Buch der Welt ist nur 0,6 Quadratmillimeter groß. Auf seinen zwölf Seiten sind vier Gedichte eines ukrainischen Dichters gedruckt. Beim Lesen der winzigen Buchstaben nützt auch die beste Lesebrille nichts; sie sind nur mit Hilfe eines Mikroskops zu entziffern.

Schau genau!

93 Nur ein Teil passt in die Leerstelle der Figur, damit ein Dreieck entsteht. Welches **Teilstück** ist es?

Einen Text zum Vorlesen vorbereiten

94 Lies die unterstrichenen Wörter mit besonderem Ausdruck, das heißt: **geheimnisvoll oder streng, leise oder laut, langsam oder schnell, überrascht oder verlegen.**
Vor dem unterstrichenen Wort mach eine ganz kleine Pause, die so genannte Staupause.
Sie wird so genannt, weil hier die Atemluft kurz gestaut (angehalten) werden soll.
Übe zuerst leise.

Der Hecht   Christian Morgenstern

Ein Hecht, vom heiligen Anton bekehrt,
beschloss samt Frau und Sohn,
am vegetarischen Gedanken
moralisch sich emporzuranken.

5 Er aß seit jenem nur noch dies:
Seegras, Seerose und Seegrieß.
Doch Grieß, Gras, Rose floss, o Graus,
entsetzlich wieder hinten aus.

Der ganze Teich ward angesteckt.
10 Fünfhundert Fische sind verreckt.
Doch Sankt Anton, gerufen eilig,
sprach nichts als: „Heilig! Heilig! Heilig!"

Augengymnastik

95 Was gehört nicht in die Reihe? Kreise ein.

Das fehlerfreie und ausdrucksvolle Lesen üben

96 ▷ Lies den Text mit einem Partner.
Versucht, den Text „erzählend" zu lesen, er soll **nicht „heruntergelesen"** klingen.

Die wilden Reiter   Wolfgang Pramper

A: *(unsicher)* Entschuldigen Sie, Herr Nachbar, ich bin doch hoffentlich richtig hier?
In diesem Kino wird doch der berühmte Westernfilm gegeben?

B: *(selbstsicher)* Wenn Sie den Film „Wilde Reiter" meinen, dann sind Sie goldrichtig hier.

A: *(stotternd)* Danke vielmals, besten Dank, danke, danke.

5 **B:** *(belehrend)* Der Film wurde übrigens in der Presse sehr gelobt!

A: *(unsicher)* Ja, ja, das habe ich auch gelesen.

B: *(befehlend)* Achtung, jetzt kommen sie! Still jetzt!

A: *(durcheinander)* Die auf den Pferden, sind das die Leute vom Sheriff?

B: *(belehrend)* Ja, natürlich, die reiten schnurstracks auf das Dornengestrüpp zu!

10 **A:** *(naiv)* Warum?

B: *(kopfschüttelnd)* Ist doch ganz klar, sie verfolgen Jimmy, den Pferdedieb.

A: *(dumm)* Aber die werden doch um Himmels willen nicht durch die Dornenhecken reiten!
Da kommen sie drüben ja nur noch zerfetzt und blutig heraus.

B: *(sicher)* Wetten – die reiten durch die Dornen!

15 **A:** *(sicher)* Gut, ich wette, die reiten außen herum!

B: Wie viel?

A: Zehn Euro.

B: Abgemacht.

A: *(überrascht)* Irrsinn! Die reiten tatsächlich durch die Dornenhecken!

20 **B:** *(überlegen)* Na, da sehen Sie's. Sie haben die Wette verloren.

A: *(ehrlich)* Das muss ich zugeben. Hier haben Sie die zehn Euro.

B: *(zögernd)* Vielen Dank auch. Aber ich muss Ihnen jetzt etwas gestehen: Ich habe diesen Film
bereits vor ein paar Tagen gesehen. Und deshalb wusste ich natürlich, dass die Kerle durch
das Dornengestrüpp reiten und drüben zerfetzt und blutig herauskommen. Ich habe ein
25 wenig gemogelt. Da haben Sie die zehn Euro wieder.

A: *(ärgerlich)* Das ist sehr fair von Ihnen. Doch jetzt muss auch ich ein Geständnis machen: Auch
ich habe den Film schon gesehen. Aber ich habe nicht geglaubt, dass diese Idioten heute
nochmals durch die Dornenhecke reiten.

Gedichte vortragend sprechen

97 Bereite diese Gedichte zum Vorlesen vor.
Lies sie langsam, deutlich, fehlerfrei und mit Pausen vor.

Vielleicht Frantz Wittkamp

Vielleicht hast du morgen ein Königreich,
vielleicht und vielleicht auch nicht.
Und wenn du es nicht hast, weine nicht gleich,
du hast ja dieses Gedicht.

Gestern Frantz Wittkamp

Gestern hab ich mir vorgestellt, ich wär der einzige Mensch auf der Welt.
Ganz einsam war ich und weinte schon,
da klingelte leider das Telefon.

Sägen sägen Paul Maar

Mit Sägen kann man sägen,
mit Riegeln kann man riegeln,
mit Spritzen kann man spritzen,
mit Spiegeln kann man spiegeln,
mit Zügeln kann man zügeln,
in Wiegen kann man sich wiegen,
aber mit Flügeln kann man nicht flügeln,
mit Flügeln kann man nur fliegen.

Perpetuum mobile[1]

Ein Hund kam in die Küche
und stahl dem Koch ein Ei,
da nahm der Koch ein Messer
und schnitt den Hund entzwei.
Da kamen viele Hunde
und gruben ihm ein Grab
und setzten einen Grabstein,
worauf geschrieben stand:

Ein Hund kam in die Küche
und stahl dem Koch ein Ei,
da nahm der Koch ein Messer
und schnitt den Hund entzwei.
Da kamen viele Hunde
und gruben ihm ein Grab
und setzten einen Grabstein,
worauf geschrieben stand:
Ein Hund kam in die Küche …

1 **Perpetuum mobile:** bewegt sich von selbst für immer

Ein Märchen zum Vorlesen vorbereiten

98 Bereite den folgenden Text sorgfältig vor.
Vielleicht kannst du dein Lesen nach einer Vorbereitung mit einem **Kassettenrekorder** aufnehmen.
So kannst du selbst feststellen, was dir gut gelingt und was weniger.
Bei diesen ┊ Zeichen mach eine kurze Pause, bei diesen ⬤ eine längere.

Der Wolf und die sieben jungen Geißlein   Brüder Grimm

Es war einmal eine alte Geiß, ┊ die hatte sieben junge Geißlein ┊ und hatte sie lieb, ┊ wie eine Mutter ihre Kinder lieb hat. ⬤ Eines Tages wollte sie in den Wald gehen ┊ und Futter holen, ┊ da rief sie alle sieben herbei ┊ und sprach: ┊ „Liebe Kinder, ┊ ich will hinaus in den Wald, ┊ seid auf der Hut vor dem Wolf; ┊ wenn er hereinkommt, ┊ so frisst er euch alle mit Haut und Haar. ⬤

5 Der Bösewicht verstellt sich oft, ┊ aber an seiner rauen Stimme ┊ und an seinen schwarzen Füßen ┊ werdet ihr ihn gleich erkennen." ⬤ Die Geißlein sagten: ┊ „Liebe Mutter, wir wollen uns schon in Acht nehmen, ┊ Ihr könnt ohne Sorge fortgehen." ⬤ Da meckerte die Alte ┊ und machte sich getrost auf den Weg. ⬤

Es dauerte nicht lange, ┊ so klopfte jemand an die Haustür ┊ und rief. ┊ „Macht auf, ┊ ihr lieben

10 Kinder, ┊ eure Mutter ist da ┊ und hat jedem von euch etwas mitgebracht." ⬤ Aber die Geißlein hörten an der rauen Stimme, ┊ dass es der Wolf war. ⬤ „Wir machen nicht auf", ┊ riefen sie, ┊ „du bist unsere Mutter nicht, ┊ die hat eine feine und liebliche Stimme, ┊ aber deine Stimme ist rau; ┊ du bist der Wolf." ⬤ Da ging der Wolf fort zu einem Krämer ┊ und kaufte sich ein großes Stück Kreide; ⬤ die aß er ┊ und machte damit seine

15 Stimme fein. ⬤ Dann kam er zurück, ┊ klopfte an die Haustür ┊ und rief: ┊ „Macht auf, ┊ ihr lieben Kinder, ┊ eure Mutter ist da ┊ und hat jedem von euch etwas mitgebracht." ⬤ Aber der Wolf ┊ hatte seine schwarze Pfote ins

20 Fenster gelegt, ┊ das sahen die Kinder und riefen: ┊ „Wir machen nicht auf, ┊ unsere Mutter hat keinen schwarzen Fuß wie du; ┊ du bist der Wolf." ⬤ Da lief der Wolf zu einem Bäcker ┊ und sprach: ⬤ „Ich habe mich

25 am Fuß gestoßen, ┊ streich mir Teig darüber." ⬤ Und als ihm der Bäcker die Pfote bestrichen hatte, ┊ so lief er zum Müller und sprach: ⬤ „Streu mir weißes Mehl auf meine Pfote." ┊ Der Müller dachte: ⬤ „Der Wolf will

30 einen betrügen", ┊ und weigerte sich, ┊ aber der Wolf sprach: ⬤ „Wenn du es nicht tust, ┊ so fresse ich dich." ⬤ Da fürchtete sich der Müller ┊ und machte ihm die Pfote weiß. ⬤ Ja, ┊ so sind die Menschen. ⬤

35 Nun ging der Bösewicht zum dritten Mal zu der Haustür, klopfte an und sprach: ⊖ „Macht mir auf, Kinder, euer liebes Mütterchen ist heimgekommen und hat jedem von euch etwas aus dem Walde mit
40 gebracht." ⊖ Die Geißlein riefen: „Zeig uns erst deine Pfote, damit wir wissen, dass du unser liebes Mütterchen bist." ⊖ Da legte er die Pfote ins Fenster, und als sie sahen, dass sie weiß war, so glaubten sie, es wäre
45 alles wahr, was er sagte, und machten die Tür auf. ⊖

Wer aber hereinkam, das war der Wolf. ⊖ Sie erschraken und wollten sich verstecken. ⊖ Das Erste sprang unter den Tisch, das Zweite ins Bett, das Dritte in den Ofen, das Vierte in die Küche, das Fünfte in den Schrank, das Sechste unter die Waschschüssel, das Siebente in den
50 Kasten der Standuhr. ⊖

Aber der Wolf fand sie alle und machte nicht langes Federlesen. Eins nach dem andern schluckte er in seinen Rachen. ⊖ Nur das Jüngste in dem Uhrkasten, das fand er nicht. ⊖ Als der Wolf seine Lust gestillt hatte, trollte er sich fort, legte sich draußen auf der grünen Wiese unter einen Baum und fing an zu schlafen. ⊖

55 Nicht lange danach kam die alte Geiß aus dem Walde wieder heim. ⊖ Ach, was musste sie da erblicken! ⊖ Die Haustür stand sperrweit auf: Tisch, Stühle und Bänke waren umgeworfen, die Waschschüssel lag in Scherben, Decke und Kissen waren aus dem Bett gezogen. ⊖ Sie suchte ihre Kinder, aber nirgends waren sie zu finden. ⊖ Sie rief sie nacheinander bei Namen, aber niemand antwortete. ⊖ Endlich, als sie an das Jüngste kam, da rief eine feine Stimme:
60 „Liebe Mutter, ich stecke im Uhrkasten." ⊖ Sie holte es heraus und es erzählte ihr, dass der Wolf gekommen sei und die anderen alle gefressen habe. ⊖ Da könnt ihr denken, wie sie um ihre armen Kinder geweint hat. ⊖ Endlich ging sie in ihrem Jammer hinaus, und das

jüngste Geißlein lief mit. ● Als sie auf die Wiese kam, so lag da der Wolf an dem Baum und schnarchte, dass die Äste zitterten. ● Sie betrachtete ihn von allen Seiten und sah, dass

65 in seinem angefüllten Bauch sich etwas regte und zappelte. ● „Ach Gott", dachte sie, „sollten meine armen Kinder, die er zum Abendbrot hinuntergewürgt hat, noch am Leben sein?" ●

Da musste das Geißlein nach Hause laufen und Schere, Nadel und Zwirn holen. ● Dann schnitt sie dem Ungetüm den Wanst auf und kaum hatte sie einen Schnitt getan, so streckte

70 schon ein Geißlein den Kopf heraus, und als sie weiter schnitt, so sprangen nacheinander alle sechs heraus und waren noch alle am Leben und hatten nicht einmal Schaden gelitten, ● denn das Ungetüm hatte sie in der Gier ganz hinuntergeschluckt. ● Das war eine Freude! ● Da herzten sie ihre liebe Mutter und hüpften wie ein Schneider, der Hochzeit hält. ● Die Alte aber sagte: „Jetzt geht und sucht Wackersteine, damit wollen wir dem gottlosen Tier den Bauch

75 füllen, solange es noch im Schlafe liegt." ● Da schleppten die sieben Geißlein in aller Eile die Steine herbei und steckten sie ihm in den Bauch, soviel sie hineinbringen konnten. ● Dann nähte ihn die Alte in aller Geschwindigkeit wieder zu, dass er nichts merkte und sich nicht einmal regte. ● Als der Wolf endlich ausgeschlafen hatte, machte er sich auf die Beine, und weil ihm die Steine im Magen so großen Durst erregten, so wollte er zu einem Brunnen

80 gehen und trinken. ● Als er aber anfing, zu gehen und sich hin- und herzubewegen, so stießen die Steine in seinem Bauch aneinander und rappelten. ● Da rief er: „Was rumpelt und pumpelt in meinem Bauch herum? ● Ich meinte, es wären sieben Geißlein, so sind's lauter Wackerstein." ● Und als er an den Brunnen kam und sich über das Wasser bückte und

85 trinken wollte, da zogen ihn die schweren Steine hinein und er musste jämmerlich ersaufen. ● Als die sieben Geißlein das sahen, da kamen sie herbeigelaufen und riefen laut: „Der Wolf ist tot! Der Wolf ist

90 tot!", und tanzten mit ihrer Mutter vor Freude um den Brunnen herum.

Gesucht

wird der böse Ede Wolf

Angeklagt wegen folgender Straftaten: _____

_____

_____

Sein Aussehen: _____

_____

_____

Zuletzt wurde er gesehen _____

_____

Hinweise an: _____

Belohnung: 10.000 Taler

Stimmungen ausdrücken

100 Stimmungen kann man durch den Klang der Stimme ausdrücken!
Der Tonfall **des einen Satzes** „Ja, ich komme gleich" soll sich jedes Mal stark ändern.

gleichgültig, gelangweilt

ärgerlich, grantig

falsch, heimtückisch, süß

weinerlich, ängstlich

**Ja,
ich komme gleich!**

verliebt, leise, verträumt

wütend, zornig, laut

verlegen, schuldbewusst

als Film-Superstar

Ausdrucksvoll vorlesen

101 Kannst du das Gedicht „feierlich" vorlesen?
Versuche, den Text nicht „herunterzulesen", sondern wie bei einer wichtigen Rede zu sprechen.

Feierlicher Gedichtvortrag   Hans Manz

Der Löwe und die Maus … äh …
Die Möwe und die Maus … nein!
Also:
Der Löwe und die Laus mauerten … auch falsch.
5   Der Löwe und die Laus lauerten mit Mist …
    zum Teufel! Mauerten mit Mist …
    ach!
    Lauerten mit List …
    ja, doch, ja!
10   Der Löwe und die Laus lauerten mit List
und machten … Quatsch,
Mist! Ich meine Mist wie Quatsch.
Nochmals von vorne:
Die – äh – der Löwe und die Laus lauerten mit List
15   und lachten … halt!
Lachten kommt doch erst später!
Der Löwe und die Laus lauerten mit List
    auf einen Mord …
    lauerten mit Mist auf einen Lord …
20   mauerten mit List auf einen Lord und dachten
    … äh –
    und lachten … och … und machten … Die
    blöden Viecher! Ich geb's auf!

Das vortragende Lesen üben

102 Versuche, dieses Gedicht nicht „herunterzulesen", sondern zu „erzählen".
Gib deiner Stimme einen „schaurigen" Ton, bis auf die letzten Zeilen. Besonders gut kannst du hier auch das „Flüsterlesen" üben.

Die Gespinster   Friedl Hofbauer

Bitte mach das Licht nicht aus,
bitte geh noch nicht hinaus,
ich hab Angst im Finstern!
Ich fürcht mich vor den Gespinstern!

5 Man schläft nicht gut bei Licht, mein Kind,
und Gespinster gibt es nicht!
Sagt die Mutter, geht hinaus
und löscht dabei das Licht.
Im Zimmer ist es finster.
10 Da kommen die Gespinster.
Sie haben Hemden aus Vorhang und Wind.

Die Gespinster tanzen im Zimmer herum,
der Fußboden knackst und die Truhe.
Gespinster tanzen nur ganz sacht,
15 sie tragen niemals Schuhe.

Sie wehen und gehen auf bloßen Zehen,
sie knacksen und sie rascheln.
Sie schwimmen durchs Zimmer im Mondenschein,
sie schwimmen durchs Fenster hinaus und herein
20 und sind ganz aufgeregt,
weil das Kind sich nicht schlafen legt.
Es fürchtet sich, sagt ein kleines Gespinst.
Es fürchtet sich im Finstern,
es fürchtet sich vor Gespinstern!

25 Da zünden sie alle Laternchen an
und es wird ganz schnell
ganz hell,
und es wuschelt und huschelt und tuschelt:
Hab keine Angst vor Gespinstern!
30 Sie tragen die Sterne im Finstern!

Die Stimme nach dem Melodiebogen führen

103 Führe deine Stimme nach dem vorgegebenen Melodiebogen. Halte kurze ⋮ und lange ⊖ Pausen.

Der goldene Schlüssel   Brüder Grimm

Zur Winterzeit, ⋮ als einmal tiefer Schnee lag, ⋮ musste ein armer Junge hinausgehen ⋮

und Holz auf einem Schlitten holen. ⊖ Wie er nun zusammengesucht ⋮ und aufgeladen hatte, ⋮

wollte er, ⋮ weil er so fror, ⋮ noch nicht nach Hause gehen, ⋮ sondern erst Feuer anmachen ⋮

und sich ein bisschen wärmen. ⊖ Da scharrte er den Schnee weg, ⋮

und wie er so den Fußboden aufräumte, ⋮ fand er einen kleinen goldenen Schlüssel. ⊖

Nun glaubte er, ⋮ wo der Schlüssel wäre, ⋮ müsste auch das Schloss dazu sein, ⋮

grub in der Erde ⋮ und fand ein kleines, eisernes Kästchen! ⊖

Er suchte, ⋮ aber es war kein Schlüsselloch da, ⋮ endlich entdeckte er eins, ⋮ aber so klein, ⋮

dass man es kaum sehen konnte. ⊖ Er probierte, ⋮ und der Schlüssel passte glücklich. ⊖

Da drehte er einmal um, ⋮ und nun müssen wir warten, ⋮ bis er vollends aufgeschlossen ⋮

und den Deckel aufgemacht hat, ⋮ dann werden wir erfahren, ⋮

was für wunderbare Sachen ⋮ in dem Kästchen liegen.

Lange und kurze Vokale deutlich sprechen

104 Lies ganz deutlich, bewege deine Lippen beim Sprechen mehr als sonst.

Made – Matte	Dame – Damm	Liebe – Lippe
lahm – Lamm	Gase – Gasse	Riese – Risse
Lade – Latte	Staat – Stadt	Stiel – still
Rate – Ratte	Räder – Retter	Tiger – ticken
Schaden – Schatten	Säge – Säcke	Speer – sperren
Haken – Hacke	mäßig – messen	ihnen – innen

Tipps zum vortragenden Vorlesen

- ◉ Beim Vorlesen achte darauf, die **Lippen** sehr **deutlich** zu **bewegen**.
- ◉ Wechsle beim Vorlesen den **Klang** deiner Stimme, sie soll nicht eintönig klingen.
- ◉ Versuche, durch besondere **Betonungen** den **Sinn** des Satzes für den Zuhörer **deutlicher zu machen**. Das kann man aber nur, wenn man den Sinn vorher schon verstanden hat. Lies daher vor dem Vorlesen für andere einen Text immer zuerst leise durch.
- ◉ Wechsle beim Vorlesen die **Lautstärke,** Spannendes lies zum Beispiel leiser.

Der Stimme einen besonderen Klang geben

105 Wechsle den Klang deiner Stimme für den **Erzähler** (neutral), den **Elch** (Elche haben eine brummige Stimme), den **Verkäufer** (geschäftig, schnell, einschmeichelnd), **seine Freunde.**

Der Verkäufer und der Elch Fantasieerzählung von Franz Hohler

Kennt ihr das Sprichwort „dem Elch eine Gasmaske verkaufen"? Das sagt man im Norden von jemandem, der sehr tüchtig ist, und ich möchte jetzt erzählen, wie es zu diesem Sprichwort gekommen ist.

Es gab einmal einen Verkäufer, der war dafür berühmt, dass er allen alles verkaufen konnte. Er
5 hatte schon einem Zahnarzt eine Zahnbürste verkauft, einem Bäcker ein Brot und einem Obstbauern eine Kiste Äpfel. *„Ein wirklich guter Verkäufer bist du aber erst"*, sagten seine Freunde zu ihm, *„wenn du einem Elch eine Gasmaske verkaufst."*

Da ging der Verkäufer so weit nach Norden, bis er in einen Wald kam, in dem nur Elche wohnten. „GUTEN TAG", sagte er zum ersten Elch, den er traf, „SIE BRAUCHEN BESTIMMT EINE GASMASKE."
10 **„Wozu?"**, fragte der Elch. **„Die Luft ist gut hier."**

„ALLE HABEN HEUTZUTAGE EINE GASMASKE", sagte der Verkäufer.

„Es tut mir leid", sagte der Elch, **„aber ich brauche keine."**

„WARTEN SIE NUR", sagte der Verkäufer, „SIE BRAUCHEN SCHON NOCH EINE."

Und wenig später begann er, mitten in dem Wald, in dem nur Elche wohnten, eine Fabrik zu bau-
15 en. *„Bist du wahnsinnig?"*, fragten seine Freunde.

„NEIN", sagte er, „ICH WILL NUR DEM ELCH EINE GASMASKE VERKAUFEN."

Als die Fabrik fertig war, stiegen so viel giftige Abgase aus dem Schornstein, dass der Elch bald zum Verkäufer kam und zu ihm sagte: **„Jetzt brauche ich eine Gasmaske."**

„DAS HABE ICH GEDACHT", sagte der Verkäufer und verkaufte ihm sofort eine.
20 „QUALITÄTSWARE!", sagte er lustig. **„Die anderen Elche"**, sagte der Elch, **„brauchen jetzt auch Gasmasken. Hast du noch mehr?"** (Elche kennen die Höflichkeitsform mit „Sie" nicht.)

„DA HABT IHR GLÜCK", sagte der Verkäufer, „ICH HABE NOCH TAUSENDE."

„Übrigens", sagte der Elch, **„was machst du in deiner Fabrik?"**

„GASMASKEN", sagte der Verkäufer.

Tipps zum deutlichen Vorlesen

Deutliches Lesen kannst du so üben:

- **Flüsterlesen**
  Dabei sollst du flüsternd lesen und doch so deutlich, dass man dich auch aus einer gewissen Entfernung versteht.
  Dabei muss man die Lippen sehr deutlich bewegen.

- **Kassettenaufnahmen vom eigenen Vorlesen herstellen**
  Damit du selbst besser feststellen kannst, wo du dein Vorlesen verbessern kannst, stelle eine Kassettenaufnahme von dir her und höre sie dir kritisch an.

- **Sitzhaltung beachten**
  Beim Vorlesen stelle den Sessel etwas zurück, setze dich auf die vordere Hälfte der Sitzfläche und lege deine Arme am Tisch ab. So kannst du gut atmen, was beim Vorlesen sehr wichtig ist.

- **Was du sonst noch tun kannst**
  Lege unter dein Buch die Federmappe, damit der Lesetext in einem **rechten Winkel** zum Blick deiner Augen liegt.
  Achte auf eine gute **Beleuchtung,** die dich nicht blendet.
  Beachte deine Atmung. **Beginne** mit dem Lesen, wenn du **ausgeatmet** hast.

Augengymnastik

106 Lies den Satz, ohne das Buch zu drehen.

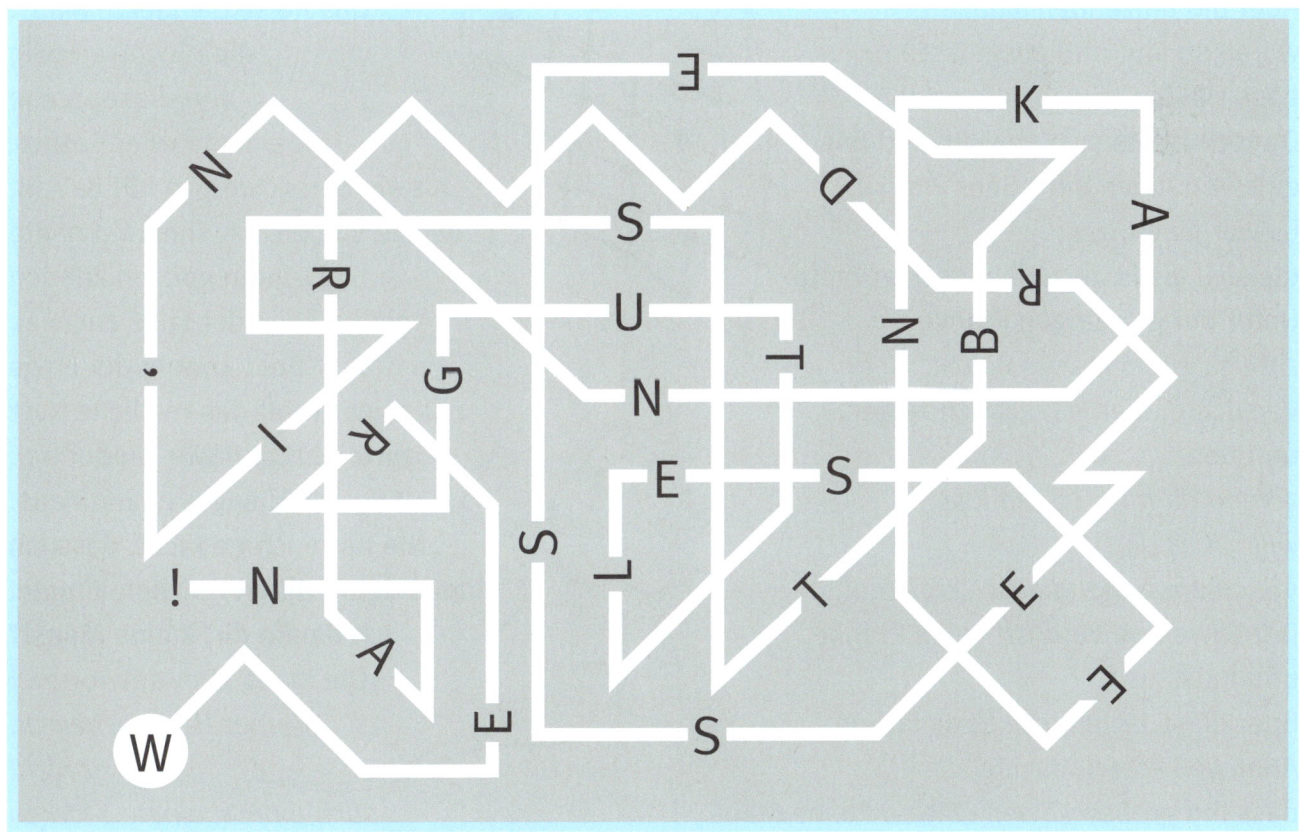

Leichter lesen mit dem „Flattersatz"

107 Versuche, die Tipps zum Vorlesen auf Seite 88 und 89 zu beherzigen.
Sprich jeweils eine Zeile im Ganzen aus.
Lies die wörtlichen Reden anders als den übrigen Text.

Der Löwe und die Maus (nach Äsop)

Ein Löwe lag im Schatten
eines Baumes und schlief.
Einige Mäuse liefen neugierig zu ihm,
und weil sich das schlafende,
5 mächtige Tier nicht bewegte,
hüpfte eine Maus
zwischen seine Pranken
und rief den anderen zu:
„Freunde, kommt und tanzt,
10 *das alte Katzenvieh schläft*
und schnarcht wie ein Gewitter,
es ist völlig harmlos!"
Da wurden auch die anderen mutig,
und bald tanzten die Mäuse
15 auf dem schlafenden König der Tiere.
Aber die tanzenden Mäuse
waren so laut und ausgelassen,
dass sie den Löwen aufweckten.
Der schüttelte sich unwillig und fing
20 eine von ihnen mit seiner Pranke.
Es war jene Maus,
die sich als Erste zu ihm gewagt hatte.
Unter der gewaltigen Pranke
zitterte die Maus vor Furcht,
25 versuchte aber, es nicht zu zeigen,
und rief:
„Wenn du mich laufen lässt,
will ich es dir
mit einem Gegendienst vergelten!"
30 Der Löwe hob verdutzt seine Pranke
und musste
über diese lächerliche Rede lachen.
Aber weil er sich dachte,
dass ihn großen Löwen eine so kleine Maus
35 ohnehin nicht satt mache, ließ er sie

gnädig laufen und brummte:
„Du dumme Maus,
als ob ich jemals
deine Hilfe brauchen könnte,
bin ich doch tausendmal stärker 40
als du!"
Einige Zeit später
geriet der Löwe in eine Falle.
Er hatte sich,
weil er unaufmerksam gewesen war, 45
in den Netzen der Jäger verfangen
und konnte sich selbst
nicht mehr befreien.
Laut brüllte er vor Wut
über seine große Dummheit. 50
Das hörte die kleine Maus,
die nicht weit weg
von dieser Stelle
in einem Erdloch lebte.
Als sie den Löwen so hilflos sah, 55
lief sie sogleich zu ihm und nagte
mit ihren spitzen Zähnen
einige Seile der Falle entzwei.
Bald konnte der Löwe
mit seiner Kraft das restliche Netz 60
zerreißen und war wieder frei.
Erleichtert sagte er zur Maus:
„Nie hätte ich gedacht, dass ich
einmal deine Hilfe brauchen könnte.
Ich danke dir, kleine Maus!" 65
Die Maus aber antwortete:
„Keiner ist so schwach,
dass er nicht
auch einmal einem Starken
helfen kann!" 70

Das vortragende Vorlesen üben

108 Versuche, das Gedicht nicht „herunterzulesen", sondern zu „erzählen".
Gib deiner Stimme einen „freundlichen" Ton.

Unterhaltung mit einem Geist   Josef Guggenmos

Wenn einer nachts ans Fenster klopft
in irgendeinem obren Stock,
ist es,
wie du weißt,
5   meist ein Geist.
Lass ihn nicht lange klopfen,
mach ihm auf,
sprich mit ihm,
frag ihn, wie er heißt,
10   frag ihn auch, was er so treibt,
frag ihn, woher er kommt
und wohin er reist.
Erzähl auch du ihm allerlei –
er erzählt noch mehr!
15   So ein kleines Plauderstündchen
schätzt er nämlich sehr.
Wenn er schließlich weiter muss,
weiter in die Ferne,
sag, dass er dir schreiben soll
20   ab und zu
einen schönen Gruselgruß.
Glaub, er tut es gerne.

Konzentrationsübung: blitzschnell mit den Augen suchen

109 Verbessere die Ausdauer deiner Konzentration.
In dem Feld befinden sich die Ziffern von **1 bis 30.**
Berühre so schnell wie möglich die Ziffern in der richtigen Reihenfolge mit einem Stift.

					25		23					
		28	9			18	8	10	30	7		
	19	16		20							2	
11						1		29	27	4		13
21	22	14	5	6			24	15	12	26	17	3

Perfekt vorlesen

110 Bereite die Ballade so zum Vorlesen vor: Wörter, die du betonen möchtest, <u>unterstreiche</u>. Wo du eine kleine Pause machen möchtest, zeichne einen senkrechten Strich ┆ ein.
▷ Schaffst du es noch dazu, beim Vorlesen **weniger als 5 Lesefehler** zu machen?

Ballade[1] vom schweren Leben des Ritters Kauz vom Rabensee   Peter Hacks

Es war ein alter Ritter,
Herr Kauz vom Rabensee.
Wenn er nicht schlief, dann stritt er.
Er hieß: der Eiserne.

5 Sein Mantel war aus Eisen,
Aus Eisen sein Habit[2].
Sein Schuh war auch aus Eisen.
Sein Schneider war der Schmied.

Ging er auf einer Brücke
10 Über den Rhein – pardauz!
Sie brach in tausend Stücke.
So schwer war der Herr Kauz.

Lehnt er an einer Brüstung,
Es macht sofort: pardauz!
15 So schwer war seine Rüstung.
So schwer war der Herr Kauz.

Und ging nach solchem Drama
Zu Bett er, müd wie Blei:
Sein eiserner Pyjama
20 Brach auch das Bett entzwei.

Der Winter kam mit Schnaufen,
Mit Kälte und mit Schnee.
Herr Kauz ging Schlittschuh laufen
Wohl auf dem Rabensee.

25 Er glitt noch eine Strecke
Aufs stille Eis hinaus.
Da brach er durch die Decke
Und in die Worte aus:

Potz Bomben und Gewitter,
30 Ich glaube, ich ersauf!
Dann gab der alte Ritter
Sein schweres Leben auf.

1 **Ballade:** Erzählung in Strophenform
2 **Habit:** Gewand, Kleidung

Tipps zum Lesen wörtlicher Reden

⊚ Wichtig ist, dass sich die **wörtlichen Reden** deutlich von den Textstellen des Erzählers unterscheiden.

⊚ Es wäre toll, muss aber nicht sein, dass du jeden Sprecher in einer **anderen Stimmlage** nachahmst. Dabei wäre es wichtig, sich die jeweilige Person vorzustellen – zum Beispiel: großer, dicker Mann mit tiefer, heiserer Stimme.

Der Stimme einen besonderen Klang geben

111 Versuche, die beiden wörtlichen Reden durch deine Stimme deutlich zu machen. Deine Stimme sollte z. B. einen ärgerlichen, wütenden, triumphierenden Klang wiedergeben. „Sprich" durchaus auch mit eigenen Worten, du musst dich nicht genau an den Text halten. Du sollst auf keinen Fall den Text „herunterlesen".

Mädchen und Fußball   Gerald Jatzek

„Mädchen können nicht Fußball spielen", sagt Peter.
Und nimmt mir den Ball weg.
„Warum?", frage ich.
„Weil sie es nicht können!", behauptet er.
5 **„Und warum sollen sie es nicht können?"**, frage ich weiter.
„Na, weil sie eben Mädchen sind", antwortet mir Peter.
„Fußball können nur Buben spielen."
„Das ist keine Antwort", finde ich,
„was ist denn so besonders an Buben?"
10 *„Sie sind halt so"*, erklärt der Peter:
„Buben und Mädchen sind halt verschieden!"
„Wie verschieden?", will ich wissen.
„Na ja", murmelt der Peter und schaut weg.
„Das weißt du doch selbst."
15 **„Klar weiß ich das"**, sage ich.
„Sie sind untenrum verschieden gebaut."
„Genau", nickt der Peter.
„Aber", sage ich,
„mit dem Untenrum spielt doch kein Mensch Fußball!"

Analyse der Lesequalität

Beobachtungsbogen

Name: _____

1. Überprüfung: _____   2. Überprüfung: _____

3. Überprüfung: _____   4. Überprüfung: _____

Der Schüler/die Schülerin liest laut einen unbekannten Text für die Analyse vor. Je nach Auffälligkeit werden die Felder des Beobachtungsbogens mit einem Farbstift schraffiert. Es können auch zwei Felder in einer Zeile schraffiert werden, wenn das Vorlesen zwischen diesen Feldern wechselt. In diesem Fall jeweils diagonal nur die Hälfte schraffieren. Zu einem späteren Zeitpunkt – nach $1/2$ bis 1 Jahr – die Beobachtung wiederholen.

				Meisterklasse	ein Profi im Vorlesen
Art des Vorlesens	Buchstabe für Buchstabe wird aneinandergereiht	Silbe für Silbe wird aneinandergereiht	Wort für Wort wird aneinandergereiht	Lesen in Wortgruppen, rasches Aneinanderreihen der Wörter	rhythmisches Lesen in Wortgruppen mit beabsichtigten Pausen
Lesetempo	stockend, sehr schleppend, zu langsam	ständiger Tempowechsel, schneller bei einfachen Wörtern, „Steckenbleiben" bei schwierigen Wörtern	ausreichend flüssig, angemessen schnell, zumindest im ersten Absatz	flüssiges Vorlesen auch bei längeren Textstellen, das Lesen stellt nur eine geringe Anstrengung dar	sehr flüssig, Tempowechsel wird absichtlich zur Gestaltung eingesetzt, z.B. gedehntes Lesen bei spannenden Stellen, Freude am Lesen ist spürbar
Lesefehler, Lesegenauigkeit	viele „Ratefehler" (z.B. „Kopfhörer" statt „Gehör"), der Leser merkt seine Fehler nicht	viele Ungenauigkeiten, Hinzufügungen und Auslassungen („viele" statt „viel" oder „fahren" statt „befahren")	häufige Ausbesserungen, der Leser merkt die meisten seiner Fehler, oft findet ein umständliches Ausbessern statt	wenige Fehler, solche, die den Sinn nicht stören, werden bereits übergangen oder nicht durch Wiederholungen ausgebessert	sehr wenige sinnstörende Fehler, nahezu fehlerloses Vorlesen, kleine Fehler werden einfach ignoriert
Aussprache, Deutlichkeit	Sprechfehler wie Lispeln, Schnarren, Verhaspeln, Stottern	undeutliches Lesen, Verschlucken von Silben, „mundfaules" Lesen, wenig Lippenbewegung	im Großen und Ganzen deutlich, jedoch noch gedehntes Lesen bei schwierigen Wörtern	klares Sprechen, deutliches Bewegen der Lippen, angenehme Lautstärke	sehr gut verständliches Vorlesen, selbst bei Konsonanten ist große Deutlichkeit gegeben
Stimmklang	sehr monoton, einschläfernd	zu leise, ohne Bezug zum Inhalt, der Text wird „heruntergelesen"	im Großen und Ganzen gut zum Zuhören, gelegentliches Beachten des Inhaltes, z.B. wörtliche Reden	ausdrucksvolles Vorlesen, ein „erzählendes Vorlesen" wird bereits angestrebt	die Stimme wird variierend eingesetzt (leise, laut, lieblich, drohend) je nach Inhalt, der Leser traut sich aus sich herauszugehen

Register und Verzeichnisse

Vorschläge für Übungen bei spezifischen Leseschwächen

Bei Schwächen in der Art des Lesens

- Rhythmisches Lesen üben
- Lesen mit dem Flattersatz
- Blitzlesen, Wörter mit einem Blick erfassen
- Mehr als ein Wort mit einem Blick erfassen
- Wörter, denen Vokale fehlen, lesen
- Texte mit Hindernissen lesen
- Leseslalom
- Pyramidenlesen
- Konzentrationsübungen
- Augengymnastik

Bei Schwächen im Lesetempo

- Schnell lesen
- Vorausblickend lesen
- Rhythmisches Lesen üben
- Lesen mit dem Flattersatz
- Blitzlesen, Wörter mit einem Blick erfassen
- Mehr als ein Wort mit einem Blick erfassen
- Wörter, denen Vokale fehlen, lesen
- Texte mit Hindernissen lesen
- Konzentrationsübungen
- Suchen und entdecken
- Schau genau!
- Augengymnastik
- Die Augenmuskeln stärken

Bei vielen Lesefehlern

- Langsam und genau lesen
- Fehlerfrei lesen
- Zungenbrecher
- Genau beobachten
- Pyramidenlesen
- Vorausblickend lesen
- Schwierige Texte lesen
- Blitzlesen, Wörter mit einem Blick erfassen
- Mehr als ein Wort mit einem Blick erfassen
- Wörter, denen Vokale fehlen, lesen
- Texte mit Hindernissen lesen
- Leseslalom

- Lesen mit dem Flattersatz
- Konzentrationsübungen
- Suchen und entdecken
- Schau genau!
- Augengymnastik

Bei Schwächen in der Aussprache

- Flüsterlesen
- Kassettenaufnahmen vom eigenen Lesen herstellen
- Sitzhaltung beachten
- Atemübungen
- Rhythmisches Lesen üben
- Lesen mit dem Flattersatz
- Texte mit fehlenden Buchstaben oder Wörtern lesen

Bei Schwächen im Stimmklang

- Vorlesetipps anwenden
- Einen Text zum Vorlesen vorbereiten
- Das fehlerfreie Lesen üben
- Ausdrucksvolles Vorlesen üben
- Vortragendes Lesen üben
- Der Stimme einen besonderen Klang geben
- Lesen mit dem Flattersatz
- Konzentrationsübungen
- Schau genau!
- Augengymnastik
- Erzählendes Lesen üben
- Wörtliche Reden lesen

Zum Verstehen des Gelesenen

- Beim Lesen mitdenken
- Leseslalom – die Reihenfolge festlegen
- Lesen mit Lücken
- Das Gelesene verstehen
- Fragen zum Text beantworten
- Rätseltexte

Register nach Stichworten für gezieltes Üben

Lösungen

Lese-Lern-Maschine
1
5. – 6. Schuljahr

S. 7: Korb A bewegt sich nach unten.

Lesetest:
1. Die Magd des Bäckers;
   sie entdeckte den Gestank und
   etwas Glänzendes im Brunnen.
2. eine Bäckerei
3. in Wien
4. eine Kröte
5. eine Pechfackel
6. Der Blick in den Spiegel zerriss es.
7. Basiliskenhaus
8. ein Arbeiter, der den Brunnen
   zuschüttete
9. eine Krone
10. ein Nachbar

13 5 6 12 23

20

22

23

31 Schlüssel Nr.: 5

33 Schiff, deutsch, schnell, September, erzählen, Fenster, sondern, Licht, Spiel, fragen, Stadt, schreiben, dürfen, Dezember, eigentlich, selber, Sommer, fertig, Sonne, Wetter, Regenschirm, Weihnachten, ziemlich, zusammenstoßen, pünktlich, wissen, plötzlich, schlafen, Spaß, Glas (Gleis), sofort, ganz, Wurst, Schinken, Tasche (Tisch), Socken, Geburtstag, meistens, spazieren, Bahnsteig

34
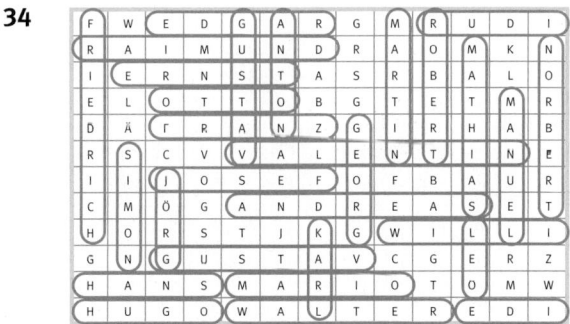

36 1 K 2 M 3 P 4 A 5 G

40 C B E D A F

41 Zahl der ungleichen Paare: 12

42 1 `I` 2 `G` 3 `C`

45 Am selben Vormittag wollte sich Erich ein Fahrrad anschaffen. Obwohl zuerst sein Papa geizte, kaufte er doch vom befreundeten Herrn Sensal am anderen Tag ein Rad. Bei seiner ersten Ausfahrt in den Seilergraben sah er neugierige Leute auf dem Aussichtsturm. Später kamen ihm auf der Straße der Advokat Zenker und Freiherr von Bernhard in Erlangen entgegen. Bei einem Meilenstein bockte ein Ross vor dem Radler und wurde scheu. Ein Wächter mit Energie ging an seine Seite, und es gelang ihm, tapfer den Wagen zu halten. Das bärenstarke Ross war jedoch auf dem eisernen Kanalgitter gestürzt und kam elend um. Ein gewaltiger Krach war bis zum Dachstuhl des angrenzenden Hauses zu hören. Steine sah man fliegen und es lag ein Mensch lange da.

48

```
W E A R O S E Q K Ü R B I S S W E R T W Z
L K I E F E R X Y G F D S A A P O I E U
P U B F I N G E R H U T Y L W S M A I S Z
U C V E B N M K O P L Q A B X E D C Z R
J F V U T G B B I R K E Z E K H R N E U
E R B S E L J I K A O L I A H O R N Y B
M Q A P H A F E R Y S W L S K X G E D C
K R F R V U T G B Z T H Ä N T Ö G A U J
I V E I L C H E N M A I R K U O E P I L
N Ö Q M O H N A Y W N S C X S T N F E K
A D C E R F V T G F I C H T E U B E Z L
R H N L U J M I K L E O E P Ä L I L I E
Z Ü G Ä N S E B L Ü M C H E N P Q B A E
W Y S X E D X C R F V E E T A G B
S Z H N Z H N U N U J M I K L O L U P F
S O N N E N B L U M E F B S K M U M F I
E Ö L O U R L I N D E D V N A E H W E R C
Ö J I B R E N N N E S S E L T G Z H U H
E W S X C D E S F V B G T A S T E R Z T
T L K T A N N E N Z T O U T I B O H N E
```

49 1 `C` 2 `E` 3 `A` 4 `D` 5 `B`

50

```
        p       g   r i e s i g         z
        l u s t i g           e
        ö     t     e       t       m
    v   t     ü     r       ö       l
    e   z     n     i       d       i
    r   l     d   g r ä ss l i c h
    g   i ö l i g     n       i       h
    e c k i g R   ö   c       h       m
    b h     c       e   t     h       ö
    l       h e i l i g     w       g
    i       s       g ü t i g l
    c s a f t i g           n       i
    h e r z i g           d       c
        v e r s t ä n d l i c h
                        g
```

51 Brotlaib, Hai, Detail, Kai, leise, Reiher, Kaiser, Mais, Taille, Laie, Gleis

53 `2`

54 Zahl der ungleichen Paare: `36`

55 Abweichungen: Flüsse, Ozean, süß und trinkbar, argen, versalzen

57 Zahl der Schlangen: `6`

60 A `3` B `5` C `4` D `1` E `6` F `2`

61 Koffer, ahnen, Bade, Sieb, sieh, nähen, spalten, Sport, Wohle, tragen, Besen

62 `4` `16` `22` `28`

63

64 Wortliste 1: Zahl der Fehler: `7`,

Wortliste 2: Zahl der Fehler: `6`,

Wortliste 3: Zahl der Fehler: `7`

66 Märchen: Hänsel und Gretel, Sterntaler, Rotkäppchen, Rumpelstilzchen, Die Bremer Stadtmusikanten, Das tapfere Schneiderlein, Dornröschen, Rapunzel

67

69 `3`

70 doppelt: 2 Hämmer, 2 Hufeisen; Gartenarbeit: Rechen; elektrisches Werkzeug: Bohrmaschine; mehr Werkzeug

71 Strahlen, einen, wie, tragen, Sieb, oft, tropft, Kegel, Vase, nie, Tiger

72 Elefanten sind zwar die größten Säugetiere an Land, aber sie sind gutmütige Riesen, die ihre Jungen sehr zärtlich behandeln. Reizen solltest du sie aber nie, denn dann werden sie wild.

73

74 Wenn du den 1. Auftrag verstanden hast, dann darfst du keine weiteren Aufträge mehr durchführen. Dieser Test soll dir zeigen, dass man unter Zeitdruck Arbeitsanweisungen oft nicht richtig versteht. Versuche daher, Angaben bei Schularbeiten und Tests ruhig und langsam zu lesen.

75 Reihenfolge der einzusetzenden Wörter: Jahr, Igel, Gewicht, Winter, Igelkiste, Verantwortung, gefüttert, Zecken, Menschen, Wasser, abspülen, warmen, erkältet, Wohnraum, soll, erneuert, Schüsselchen, größer, entkommen, bis, Abdeckung, Winterschlaf, Heu, ungeheizten

76 Witz 1: Auf dem Marktplatz bietet jemand Klobürsten an. „Klobürsten, in allen Größen und Farben, heute besonders billig! Na, wie wär's, gnädige Frau, wollen Sie nicht kaufen?" „Nein danke, wir haben uns schon so an das Papier gewöhnt."

Witz 2: Das Hörgerät. In einem alten Schloss wohnt der schwerhörige Graf mit seinem Diener Archibald. Eines Tages fährt der Graf in die Stadt. Als er zurückkommt, empfängt ihn der Diener wie immer: „Na, alter Knacker, wohl wieder im Wirtshaus gewesen und Bier gesoffen?" „Nein, Archibald, in der Stadt gewesen und Hörgerät gekauft!"

Witz 3: Zwei Brüder gerieten eines Tages in Streit. Sagt der eine zum anderen: „Du bist ein Affe!" Darauf der andere: „Und du bist ein größerer Affe!" Darauf der eine wieder: „Du bist ein noch viel größerer Affe!" Jetzt wird dem Vater die Streiterei zu bunt und er sagt:

„Na, ihr habt anscheinend vergessen, dass ich auch noch im Zimmer bin!"

77
aggressiv = A ;
akzeptieren = B ;
ausrangieren = A ;
arrogant = A ;
aktuell = B ;

78
M	Ehrgeiz	T	Herde
M	Worte	M	Heiterkeit
T	Instinkt	T	Schnauben
T	Winterschlaf	M	Beherrschen
T	Beute	T	Revier
T	Brunft	M	Diskussion
T	Laute	M	Gedenken
M	Kunst	M	Forschung
M	Begeisterung	M	Operation
M	Technik	T	Staupe

79
G	nunmehr	V	Erinnerung
V	Pranger	V	Rückschau
V	vorbei	V	Reue
G	jetzt	G	augenblicklich
V	Turnier	G	nun
G	heute	V	Ursache
V	Andenken	V	Fuhrwerk
G	momentan	G	Stadtplanung
V	gestern	V	Pyramiden
G	Flugzeug	G	eben

80
richtig: B ;

falsch: A
(man müsste links abbiegen);

50:50: C
(„biege ein" – „nach rechts" fehlt).

81 Zu 1: F   Zu 2: D   Zu 3: B

82 Reihenfolge der einzusetzenden Wörter: nun, angst, jemand, ihre, dachte, jetzt, eine, saß, seinen, damals, als, dass, und, solle, Johan (Er), Ich, und, bis, weinte, zur, hatte, Mama, konnte, hast, du, Er, den, kleinen, begann, denn, was, Meine, weh, sie, Stein, ich, Arme, wir, niemals (nie), Und, nicht, den, in, ihn, und, lange, Dieb, Das, Nachbarin

Bewertung: Für jedes richtig eingesetzte Wort zähle einen Punkt.
41–49 Punkte: ausgezeichnet
36–40 Punkte: sehr gut
31–35 Punkte: gut
26–30 Punkte: ausreichend
21–25 Punkte: wenig verstanden
Unter 20 Punkte: zu wenig verstanden

83 Witz 1: Während der Direktor eines Tierparks auf Urlaub ist, erhält er von seinem Assistenten einen Brief, in dem dieser schreibt: „Der neue Gorilla will sich nicht recht eingewöhnen. Er sitzt immer still in einer Ecke und verweigert jede Nahrungsaufnahme.
Ich glaube, dass er unbedingt einen Partner braucht. Ich hoffe daher, dass Sie bald zurückkehren. Und ich werde bis dahin nichts unternehmen! Ihr Fridolin Neuhuber"

Witz 2: „Wo kann man sich in diesem Dorf rasieren lassen?", fragt ein Durchreisender den Hoteldirektor. „Wie überall: im Gesicht!", antwortet der.

Witz 3: „Ich wünsche, morgen um 8 Uhr geweckt zu werden, und zwar mit einem Kuss!", sagt der Hotelgast zum hübschen Zimmermädchen. „Sehr gerne", antwortet diese, „ich werde es dem Hoteldiener ausrichten!"

84

85 Feuer – Streichholz; Haustier – Fuchs; Abschied – Besuch; verhaften – festnehmen; Schüler – Zeugnis; Garantie – Verkauf; Tunnel – Dunkelheit; grün – Tannennadel; Rucksack – Riemen; Pferd – Zebra; Besteck – Gabel; Rolltreppe – aufwärts; Gemälde – Versteigerung; Straße – Asphalt; Papier – Vitamine; Behauptung – Meinung; Werkzeug – Armband;

Umweltschutz – Fahrrad; Musikinstrument – Pfeife; Pflanze – Ei; Alkohol – Krankheit; Farben – rauh; Zahlen – mehr; Möbel – Klavier

86 Die Täterin war die Stieftochter. Sie hat sich dadurch verraten, dass sie die Farbe wusste, mit der ihre Stiefmutter den Balkon angestrichen hat. Inspektor Bohn hatte im Gespräch die Farbe nicht erwähnt.

87 3

89
1. C   5. C   9. A   13. D   17. D
2. D   6. C   10. B   14. A   18. B
3. C   7. B   11. B   15. B   19. C
4. A   8. A   12. B   16. C   20. A

90 1 e 2 b 3 a 4 d 5 c 6 g
7 f

93 d

95

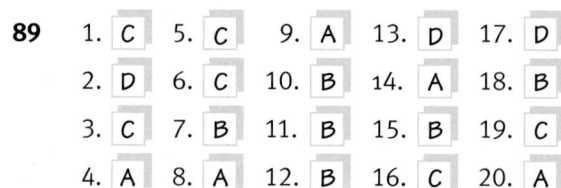

106 Wer gut lesen kann, ist besser dran!

P959102/06